新教科
「てつがく」の挑戦

"考え議論する"道徳教育への提言

お茶の水女子大学附属小学校
NPO法人 お茶の水児童教育研究会
編著

東洋館出版社

プロローグ
―小学校で "てつがくする" ということ―

　本書は、お茶の水女子大学附属小学校が文部科学省より受けた研究開発指定による4年間の研究成果をまとめたものである。研究開発課題は、「『道徳の時間』と他教科の関連を図り、教育課程全体で、人間性・道徳性と思考力とを関連づけて育む研究開発を行なう。そのために、自明と思われる価値やことがらを、『対話』や『記述』などの多様な言語活動を通して問い直し考える新教科『てつがく』を創設する」であった。この研究開発課題のもと、本校では校内研究会、公開研究会を通して新教科「てつがく」の多くの研究授業を提案してきた。そして、今回の研究で特筆すべきなのは、単に新教科「てつがく」の教育方法やカリキュラムを提案したことばかりではなく、新教科を実践することによる教師自身の変容に目を凝らしたことである。筆者も人間形成論史の研究者として、新教科「てつがく」の授業実践に接することによって、これまでの自身の教育観を見直し深く感得させられる経験をしてきた。そこで以下では、本書のプロローグとして、「てつがく」の授業実践に接し、折節考えさせられたことを記してみたい。

1 ▶ 新教科「てつがく」における子どもの対話で起こっていること

　この教科の目的は、自明な価値観を「対話」や「討論」を通して、反省的にとらえ直して深く考えさせるということである。そこで、この活動の鍵となる「対話」の意味について、少し述べてみたい。そのとき参考にするのは、ヘーゲルである。ヘーゲルは、人が何かを知っていることの構造を次のように考えた。

　われわれの心は、普段、対象について自分が知っているものだけをもって、それが対象のすべてだと思って安心している。このことを、価値の問題で考えれば、「人に優しくしよう」という価値を「兄弟には優しくしよう」とか「お友達には優しくしよう」と子どもが考えて、これが「優しさ」そのものだと思っているようなものである。しかし、人は自分が対象や価値そのものだと思い込んでいたものは、実は対象や価値そのものではないのだと気付くことがあるとヘーゲルは言う。先述の例で言えば、「会ったこともない人々にも優しくすべきである」ことに子どもが気づくようなことを考えるといいだろう。そのとき気づかされるのは、今までの自分の知識や価値観が狭くて一面的だったということである。すると、人は、それまでの対象の理解の仕方や価値観を改変し、対象の新しく見えてきた面も含めた知識や価値観をつくり直そうとする。そして、このつくり直しがうまくいったときに、生きることの認識が深まり、今まで見えていなかったものが見えている新しくより深い世界を生きることになるというのである。

　ヘーゲルの考え方は、われわれの教育の原型を示している。すると問題は、何が自明な知識や価値観の一面性や狭さに気づかせるのかということである。ここに、「対話」の意味がある。ヘーゲルの説明では、自分の知識や価値観をつくり変える主体の知力が強調されているように思われるが、実は、このつくり変えを促すのは、知力が発揮される前になされる、〈他人の言葉に耳を傾けること〉ということになる。ここに本校の教育実践が大切にしている「聴き合う」関係の意味がある。

2 ▶ 新教科「てつがく」と他教科の関係

　新教科「てつがく」創設においては、「てつがく」科と他教科との関係を密にするカリキュラム・マネジメントが指向されている。このことは、教科の後ろにあるそれぞれの専門的学問とわれわれが生きることとの関係を考えることにつながる。こうした専門知識と人が生きることとの関係については、1800年代初めのドイツで、大きな変動があった。それは、この時期の哲学者たちが一斉に「体系」の構築を目指すようになったことである。この時期の「体系」が意味するのは、唯一の原理から、世界で起こっていることの一切を説明するということである。こうした体系構築の試みとしては、ヘーゲルのものが有名だが、ヘーゲルに深い影響を与えたシェリングは、人間形成の場である大学の学問の在り方を論じる中で、生きることと専門知識との関係を論じている。シェリングによれば、究極原理は絶対者であって、それの現れ方の論理を純粋にとらえるのが哲学であり、ほかの学問は、哲学が把握した絶対者の現れ方が自然界や社会でどういう風に実現されているのかを明らかにする、とされていた。そういう意味で、哲学を基軸としてほかの学問が構造化されるところが大学なのだと言っている。

　しかし、専門分化した現代からすれば、世界のすべてを説明し尽くせる原理を掴まえるなど、無理であろう。それでは、1800年代の哲学者の努力は時代錯誤なのだろうか。現代においては、人間とは何かという根本的な問いに、それぞれの専門科学が高度な回答を与えてくれている。しかしその回答は、その専門領域からの回答であって、ほかの領域からのいろいろな回答との関係が見出しにくくなっている。反面、奥深いが狭い専門知識に閉塞することが問題解決につながらないと考えられるようになり、様々な学問領域で、文系と理系の融合など異領域との連携が試みられている。

　実は、1800年代のドイツでも、初期ロマン派の人々は、このような他領域との融合の大切さをいち早く主張していた。初期ロマン派の代表的な人々に、ノヴァーリスとFr. シュレーゲルがいる。彼らもまた時代の風潮にならって、先ほど述べた意味での体系にあたる「百科全書」の構築を夢想した。しかし、ヘーゲルやシェリングとは違い、彼らは、あらかじめ見出された論理を専門知識にあてはめて整合的に体系をつくろうとはせず、一見無関係に見えるものの間に、隠されている関係性を見出していく洞察力や想像力こそが「百科全書」作りの原理なのだと言った。

　筆者は、「てつがく」科と他教科との関係を考えるときには、ノヴァーリスたちが言う洞察力や想像力の重視はとても参考になると思っている。新教科「てつがく」は、子どもの生活から取り出される疑問を、対話を通して深く考えることを目指している。そのときに、扱う問題によっては、他教科で学んだ内容を思い出して、今考えている問題とつなげてみたり、様々なツールで調べた雑多な知識を活用しながら考えてみたりするだろう。自分が生きていく上で感じる問題を基軸にして、一見それとは無関係に思われる様々な知識の間に関係性を見出していく洞察力や想像力が大いに発揮されるだろう。そして自分が追究している問題を中心において、その解決のために専門的知識を自在に関係づけていく姿勢は、既存の狭い専門を超えた知識の創成を求められるこれからの社会できっと重要視されていくだろう。

3 ▶ 対話における「他者」の意味

　筆者が研究対象とする西洋思想において、「他者をいかに理解するのか」はつまずきの石だっ

プロローグ

た。というのも、近代思想の発端をかたちづくったデカルトは、考える私の存在こそが確実であるという立場をとったために、それでは他者の存在とはどう説明されるのかという問題が残ってしまったからである。私の存在の確実さを出発点とした近代西洋思想で、私の意識の外部にある他者をどのように理解するのかについて、デカルトの考え方を深めたのは、20世紀哲学の大きな潮流を形成した現象学の創始者、フッサールだった。私の意識は感覚された内容を総合して、心の中に他者の像を形成する。そしてその他者の像が、例えば涙を流している像だとすれば、そういうことを私がするのは悲しいときだから、きっと他者も悲しんでいるのだろうと類推する、これが他者を理解することなのだとフッサールは考えた。けれども、われわれは「顔で笑っていても心で怒っていること」がままあるだろう。したがって、フッサールの説明は明らかに不十分である。

　そして、フッサールの後継者であるハイデガーは、他者の存在は、私の心を形成する重要な要素であると言った。けれども、どういうときに他者は理解されると説明されているのかについて、われわれは道具に囲まれて生きているが、その道具をつくった他者がいるはずで、また、われわれは世論にしたがって判断することが多いが、その世論を形成するのは不特定他者のはずである、という局面で、他者存在に言及されると説明している。しかし、この説明では、他者の存在は間接的に予感されるだけで、目の前にいるリアルな他者をどのように理解するのかという問題からは、ずれてしまっている。

　こうした試みを経て、私の意識の確実さから出発すると、私の外部にいる他者理解にはなかなか到達できないということが明らかになった。だが実際には、私が他者を理解できようができまいが、常に目の前に他者は居続ける。そこで、いっそ他者の存在を認めてしまって、逆に他者がいることから私の心の有り様を説明しようという試みが起こった。その代表者は、レヴィナスである。

　レヴィナスはユダヤ教の宗教指導者でもあったが、ユダヤ教では、絶対の他者である神から呼びかけられて、私がそれに応答するという関係こそが原点にある。レヴィナスもこの他者から呼びかけられることを、他者理解の根本に置いた。つまり他者は、私のあらゆる理解を超えて、「顔」を私に向けてくる。他者が向けるこの「顔」に直面したとき、われわれはそれを無視することが許されない。われわれは、自分でどのように対応するのかを決めて、他者に向かわなければならないのだというのである。この他者への応答責任こそが倫理の基礎なのだとレヴィナスは言った。

　このような他者問題を巡る思想史の流れから得ることのできる示唆は、自分の考えを決めたり深めたりするためには、他者からの働きかけが不可欠であることを実感させることが教育の根本になければならないということだと思われる。したがって、相手の異質性に寄り添い、その都度相手からの働きかけや促しに率直に心を開く姿勢を子どもに身につけさせることが肝要になるのである。

4 ▶ 新教科「てつがく」が育成することを目指す資質・能力

　新教科「てつがく」が目指す力について考えるときには、現代社会を生きる人々には、互いの違いを認め合い共生する多元的共生社会を生きることを求められているという前提がある。この共生社会を生きるために必要な能力として、新教科「てつがく」を構想するときに参照したリップマンは、「批判的思考」、「創造的思考」、「ケア的思考」の三つの力を挙げている。批判的思考というのは、われわれが無批判に抱いている思い込みを相対化するために、他者との対話を通して、各人の考え方の背景にある理由や根拠を問い質し合うことである。しかし、批判的思考によるだけでは、自分がもとづいていた考え方の基盤が動揺して途方に暮れることで終わってしまう。そこで、批判

的思考と連携しながら、不確実になった自分の考え方の基盤を組み直して、他者と一緒に受け入れうる新しい発想や思考法をつくり出していく力である創造的思考との連携が不可欠になる。ケア的思考とは、配慮し世話する姿勢を思考にもち込むということだ。共感の感情までも含むときにはじめて、批判的思考と創造的思考は、いっそう細やかに人々に合致した新しい考え方を生み出しうるというのである。

新教科「てつがく」が求める異質な他者の尊重について、英米の社会思想では、当初は他者尊重というよりは、他者に危害を加えないかぎりは個人の自由が保障されるべきであると考えられていた。しかしこの考えでは、他者とのかかわりが、「他者に危害を加えないかぎりで」と限定された形でしか考慮されないことになる。そしてこのことは、弱者への支援にも影響を及ぼすことになる。つまりこうした考えでは、最も多くの人々が気持ちよさを感じる状態ほど、よい社会状態であると考えられることになった。そしてその結果、社会はできるだけ多くの人々が満足するために、社会的資源を管理することを目指すようになり、他者との互恵性や弱者への眼差しが弱体化してしまった。これに対して、ジョン・ロールズは社会的理念としての正義を掲げた。それは、①できるだけ多くのではなく、人々がすべて基本的人権を保障されなければならない。②社会的・経済的不平等は、最も不遇な人々すらも我慢できる水準に止めなければならず、より高い職業や地位につくための機会はすべての人々に平等に保障されねばならない。そしてこの原理を実現するために、ロールズは社会が、社会資源の分配に積極的に関与しなければならないと主張した。

またドイツでも、社会的な合意形成の在り方の考察が見られる。ハーバーマスは、理性的なコミュニケーションの可能性に注目する。社会を形成するためには、各人は他者を自分の欲求実現のための単なる手段として使うことは許されない。むしろ、他者との合意の上で様々な行動計画を調整してゆくことが求められるとハーバーマスは考えた。そしてそのために一番必要なのは、強制されて嫌々行動を調整するのではなく、互いに納得できる形で自発的に欲求を抑える条件を話し合う「理想的発話状況」に近づこうとすることだと提案した。ハーバーマスは、誠実で理解可能な発話能力をもった主体が、自由に討議することによって、できるだけ全員が一致できる合意に到達すべきであると考えた。

さて、ロールズは、社会が不平等の是正へ積極的に関与することを求めているが、そうした判断を下すのは、まさに弱者に目を向ける市民であるということになる。また、ハーバーマスは、人間は常にコミュニケーションのネットワークの中で生きているという事実から出発する。すると人々は判断を下すときには、常に他者を想定していなければならないことになる。つまり、いずれの考え方に立つにせよ、他者を尊重して正義の実現を目指すためには、他者の境遇や考えへの共感的な理解が不可欠であり、それと同時に、自分の生活・文化的環境に起因する信念を相対化し、他者とともに互いに認めることのできる新しい思考の枠組みをつくり出していくことが求められることになる。このように、新教科「てつがく」が育成する力は、最先端の社会思想が求める市民の資質にも直結したものであると言えよう。

5 ▶ 批判的思考の深化と道徳教育の関係

異質な他者との対話を大切にする新教科「てつがく」は、対話の過程そのものが、事柄を多面的・多角的に考えることによって、子どもの中に各人なりの思考の深化や拡張を生む実践であると言える。こうした新教科「てつがく」の目指すものを、筆者が専門とする人間形成論史の文脈に返

すならば、ヨーロッパでは古代ギリシア以来伝統的に、定義と定義された事柄が一致することこそが正しい真理であると考えられてきた。そしてこのような世界の本質を端的に表現できている定義、つまり真理には、理性を洗練させれば到達できると考えられてきた。その代表格が、近代哲学の先祖であるデカルトである。彼は、正しい思考方法に従えば、絶対確実な永遠真理に到達できると主張した。しかし、そもそも何を共通の真理と見なしうるのかから他者と協同して探究する新教科「てつがく」では、唯一絶対の真理を伝達することが目標とはされないだろう。

　実は、新教科「てつがく」の方法の源流を辿ると、この方法が形成することを目指す人間の姿は、先述したヘーゲルが提唱した人間形成モデルにその原型を見ることができる。それによれば、人間の成長とは、それまで確実な真理であると思われていた知識の一面性が次々に明らかになり、自明と思われた価値観や世界観が崩れていく「絶望の道程」を歩むことでもある。しかしこの「絶望の道程」に立ちすくむことなく、皆が納得できる確実な真理を求めて自分の殻を破り共同性へとふみ出して自分を成長させていく人こそが、本当の意味で自由な人であるとされた。絶対確実で客観的な真理の自明性への信頼が崩れた時代において、他者と協同しながら新しい真理を自分で発見し創造していくことを求められているわれわれにとって、新教科「てつがく」の実践はまさに時代の要請であると言えるのである。

　だが一点、疑問が残るように思われる。それは、新教科「てつがく」の目指す、自他の抱いている信念を論理的に分析することが、そのまま道徳的価値の教育と言えるのか、あるいは、論理的に明晰に判断する力を獲得することこそが道徳教育の目指すものであると言ってしまうのは極論ではないかということである。この点については、他者の考えを繰り返し傾聴する中で、仮に目の前に他者がいなくても、おそらく他者はこのように考えるだろうと想像できるようになることが期待されよう。そのとき、アレントが道徳の基盤であると考えた、道徳的判断を下す際に対話することのできる〈自己の内なる他者〉が形成されることになるだろう。対話そのものが自分を俯瞰的に観察し、行動を統制する尺度の形成に直結しているのである。

　さらにまたこの方法が重視する他者と共通するものを確認したり合意を目指したりする協同的な対話の過程そのものが、自分一人で考えることよりも、他者の考えを介して考えることの有効性や有用性を子どもに実感させることを期待できるのではないかと思われる。そのとき子どもは、協同することの力を感情のレベルに根ざした形で理解するだろう。このことをスピノザのひそみにならって言うならば、子ども一人ひとりが喜びを感じながら、他者と協同することの力を実感することこそが、来るべき共生社会をつくり出すことの原動力となりうると言えるのではないかと思われる。

　平成29年度版の学習指導要領で新たに設定された「特別の教科　道徳」では、子どもが他者とかかわりながら積極的に思考し活動に参加する「主体的・対話的で深い学び」が求められている。そのために全国の学校で問題解決型の授業設計が要請されている。子どもたちの哲学対話にもとづく新教科「てつがく」の実践は、これからの道徳教育を構想する際の有力な実践モデルを提起できたのではないかと思われるのである。

　筆者が新教科「てつがく」の授業実践に触発されて考えたことをまとめるだけでも、これだけのことが挙げられる。本書を手にした読者の皆様の中で対話が生まれ、本校の研究が、豊かな教育の未来を拓く機縁となることを願っている。

校長　池田全之

も　く　じ

プロローグ　―小学校で"てつがくする"ということ― ……………………………………… 3

第１章　"てつがくする"教育課程の構想

▼　1　これからの教育の方向性をふまえて ………………………………… 12
▼　2　"てつがくする"授業の構想 ………………………………………… 14
▼　3　新教科「てつがく」の創設 ………………………………………… 15
▼　4　"てつがくする"教育課程 …………………………………………… 18
▼　5　小学校で"てつがくすること"の学び ……………………………… 20

第２章　新教科「てつがく」とは

▼　「てつがく」に取り組むようになった経緯について ………………… 22
▼　「てつがく」の目的 ……………………………………………………… 23
▼　教材研究の仕方 ………………………………………………………… 24
▼　子どもとともに話し合う内容を決める ……………………………… 25
▼　「てつがく」の授業と出会い、考えていること …………………… 26
▼　低学年での取り組み …………………………………………………… 27
▼　中学年での「問い」 …………………………………………………… 28
▼　「てつがく」の授業が始まる３年生の対話の様子 ………………… 29
▼　中学年・高学年の子どもたちの問いをみて湧き出た問い ………… 30
▼　「てつがく」の学びにおける教師の役割 …………………………… 31
▼　教師が"てつがくする"ということ ………………………………… 32
▼　子どもの「からだのことば」 ………………………………………… 33
▼　サークル対話のよさや留意点 ………………………………………… 34
▼　「てつがく対話」で話さない子どもの見方 ………………………… 35
▼　「てつがく」における子どもの変化と成長 ………………………… 36

第３章　新教科「てつがく」の実践

▼　1年生　たいりつとけんか　―じぶんたちでたいりつをかいけつしよう― ……………… 38
▼　2年生　自分たちの生活を振り返ろう ……………………………… 44
▼　3年生　おとなってなんだろう ……………………………………… 50
▼　3年生　「ある」ってどういうことだろう　―はじめての「存在論」― ………… 56
▼　4年生　ゆめの世界って何？ ………………………………………… 62

8

▼	4年生	大きくなるっていうこと	68
▼	5年生	美しいって何だろう	74
▼	5年生	対話するってどういうこと？	80
▼	6年生	ロボットに心をもたせてよいか	86
▼	6年生	やさしいかたち	92
▼	COLUMN	「てつがく」の構想に改めて思うこと	98

第4章 “てつがくする”各教科の授業づくり

▼	国語	子どもとともにつくる、「ことば」の学び	100
▼	社会	社会的論争問題を通して「政治的リテラシー」を涵養する	102
▼	算数	当たり前を問い直し、前提を考える算数	104
▼	理科	子どもの問いを生かし対話する授業	106
▼	音楽	私の“音楽すること”	108
▼	図画工作	造形活動の自明性を問い直す	110
▼	家庭	考える家庭科のすすめ	112
▼	体育	自分の身体と向き合い、動きを通して問いを深める	114
▼	食育	他者とのかかわりを通して、「食べること」を考える	116
▼	外国語活動	「世界」に触れることを通して、日本や日本人としての自分を見つめる	118
▼	COLUMN	「てつがく」することの大切さ	120

第5章 「てつがく」を“てつがくする”

▼	シンポジウム「『子どもから』の伝統が拓く明日の教育―市民性の育成と新教科『てつがく』の挑戦」（2018/9/20）記録		
▼		1 基調提案	122
▼		2 研究協議	128
▼		3 質疑応答	132
▼	寄稿	新教科「てつがく」の意義	138
▼		「てつがく」科の評価を考える前に	140
▼		日本の教師による子ども哲学の源流	142
▼		学級でする哲学	144
▼		「てつがく」の冒険	146
▼		新教科「てつがく」と探求する心	148

資料　新教科「てつがく」学習指導要領【抄録】　150

おわりに　“てつがくすること”　152

編著者一覧　153

第1章

"てつがくする"
教育課程の構想

1 ▶ これからの教育の方向性をふまえて

　変化の激しい現代社会において、子どもたちに育成すべき資質・能力のとらえ方や教育の在り方が問われてきている。まず始めに、変わりつつあるこれからの教育に求められる資質・能力と道徳教育の方向性をとらえ、"てつがくすること"との関係性やその意義を明らかにしたい。

(1)　学びに向かう力を育む

　2017（平成29）年版の学習指導要領では、中央教育審議会の答申にもとづき、①「何を理解しているか、何ができるか（生きて働く「知識・技能」の習得）」、②「理解していること・できることをどう使うか（未知の状況にも対応できる「思考力・判断力・表現力等」の育成）」、③「どのように社会・世界と関わり、よりよい人生を送るか（学びを人生や社会に生かそうとする「学びに向かう力・人間性等」の涵養）」という、育成すべき資質・能力の三つの柱を起点に教育課程の枠組みを見直し構造化するとともに、各教科等の「見方・考え方」を示して学ぶ意義の明確化が図られた。

　育成すべき資質・能力として、③で求められている「学びに向かう力・人間性等」は、変化が激しく先行き不透明な21世紀の社会を生き抜く上で必要となる、各教科等を横断する汎用的な能力の育成を志向するものであろう。このようなコンピテンシーの育成を目指す教育課程改革は世界的潮流となっており、その背景には、「21世紀型スキル」やOECD「キー・コンピテンシー」などの、これからの社会の動向をとらえた資質・能力観がある。さらに、OECD教育2030では、「生き延びる力」の育成が必要であるとし、社会の変化を見据えたコンピテンシーの見直しも図られている。

　紙幅の関係でこれらの詳細に関する説明は省くが、価値観の多様化が言われ、目まぐるしく複雑に変化する中、混沌として先行き不透明な現代社会では、一つの物差しでの知識や考えを獲得していくのではなく、多様な見方・考え方に触れることで自分なりの考えを導き出し、それを大事にしつつも、情況に応じて常に見直し、ときに修正を加えながら、答えを追究しようとする、自己調整能力などの汎用的な資質・能力が求められているのである。

　後述する"てつがくすること"での学びは、自明と思いがちな概念や身近な事象と向き合って問いをもち、自分の考えを記述したり、他者と対話して考えを広げたりしながら、自分で粘り強く思考し、その意味や価値を追究していくことで、自らの考えを深めていくという学びである。これは、変わりゆく社会の中で、今まさに求められている汎用的な資質・能力そのものである。そして、それはすなわち、「学びに向かう力・人間性」の、中核となる学びだと言うこともできよう。

(2)　「考え、議論する」道徳教育の方向性

①　これまでの道徳教育

　戦後からこれまでの道徳教育は、学校の教育活動全体を通じて行われるとともに、1958（昭和33）年の学習指導要領改訂以来、その補充、深化、統合のために特設された「道徳の時間」を通して進められてきた。特設道徳の授業は、優れた実践も多数見られる一方で、「徳目主義」「価値の押しつけ」「読み物偏重」「授業の形骸化」「実態との乖離」等々、かねてから多くの問題が指摘されてきた。また、特設の時間ゆえ、他教科より軽視されがちな傾向も見られ、地域や現場による授業内容のばらつきも問題であった。さらに、近年、子どもを取り巻く環境の変化、家庭や地域社会の

第 1 章　"てつがくする"教育課程の構想

教育力の低下、体験の減少等とかかわって、生命尊重の心の不足、自尊感情の乏しさ、基本的な生活習慣の未確立、規範意識や人間関係を形成する力の低下など、子どもの実態の変化も指摘されている。

②　これからの道徳教育の方向性

　教育再生実行会議の提言や中央教育審議会の答申をふまえ、これまでの道徳教育の課題を解消すべく、小学校では 2018（平成 30）年度から「特別の教科　道徳」（以下、道徳科）が全面実施されることになった。

　文部科学省は、現実のいじめの問題に対応できる資質・能力を育むためには、「あなたならどうするか」を真正面から問い、自分自身のこととして、多面的・多角的に考え、議論していく「考え、議論する道徳」へと転換することにより児童・生徒の道徳性を育むことが必要と述べている。

　学習指導要領では、道徳性を養うために行う道徳科における学習を「道徳的諸価値について理解する」「自己を見つめる」「物事を多面的・多角的に考える」「自己の生き方についての考えを深める」と整理している。そして、これらを通じて、「道徳的な判断力、心情、実践意欲と態度を育てる」ことで、よりよく生きていくための資質・能力を培うと謳っている。

　"てつがくすること"の学びの授業における具体的なアプローチは道徳科と異なる面もあるものの、「価値の理解」「自己を見つめる」「物事を多面的・多角的に考える」「自己の生き方についての考えを深める」といった道徳科の学習内容は内包しており、それらを通して、思考力や人間性・道徳性を育てていこうとしているので、目標には重なる面が多いと言える。

(3)　道徳教育を豊かにする「てつがく」の可能性

　今回の改訂では、「特定の価値観を押し付けたり、主体性をもたず言われるままに行動するよう指導したりすることは、道徳教育が目指す方向の対極にあるものと言わなければならない」、「多様な価値観の、時に対立がある場合を含めて、誠実にそれらの価値に向き合い、道徳としての問題を考え続ける姿勢こそ道徳教育で養うべき基本的資質である」という中教審の答申をふまえて、"発達の段階に応じ、答えが一つではない道徳的な課題を一人一人の児童が自分自身の問題ととらえ、向き合う「考える道徳」、「議論する道徳」へと転換を図るものである"（学習指導要領解説「特別の教科　道徳編」第 1 章総説より）。この「考え、議論する道徳」へと転換していくという道徳科の方向性は、身近な価値や概念と向き合い、対話や記述などの言語活動を通して問い直し考え続ける"てつがくする"学びで求めるものと何ら変わることのないものである。「議論する」という言葉には、対立的に意見を叩き合わせ結論に導くようなイメージがあるが、学習指導要領を読み込んでいくと、必ずしも相手を論破するような討論を求めているわけではないことが分かる。哲学的に対話することを通して、自らの考えを深めていくことも、「考え、議論する」姿と言えるだろう。

　また、道徳科学習指導要領の「指導計画の作成と内容の取扱い」には、「一つの内容項目を複数の時間で扱う指導を取り入れる」「内容項目の相互の関連を捉え直したり発展させたりする」「児童が多様な感じ方や考え方に接する中で、考えを深め、判断し、表現する力などを育むことができるよう、自分の考えを基に話し合ったり書いたりするなどの言語活動を充実する」「多様な見方や考え方のできる事柄について、特定の見方や考え方に偏った指導を行うことのないようにする」など、「てつがく」と相通じる面が多数ある。すなわち、新教科「てつがく」は、様々なとらえ方をされている

13

道徳科における、一つの具体的な方向性を示す教科だととらえることもできるのである。

2 "てつがくする" 授業の構想

(1) 本校の研究の経緯

前項では、学習指導要領の改訂に伴う資質・能力観の変化や、道徳教育の動向について述べてきたが、実は、本校の「てつがく」に関する研究は、こうした問題意識が基底にあって進めてきたわけではない。本項では、本校の研究の経緯について簡潔に述べておきたい。

【表1】 近年の本校の研究テーマ一覧

2002 年～2005 年	関わり合って学ぶ力を育成する
2006 年	ともに学びを創造する
2005 年～2007 年	協働して学びを生み出す子どもを育てる
2008 年～2010 年	小学校における「公共性」を育むシティズンシップ教育
2011 年～2013 年	交響して学ぶ子を育てる －異質性が行き交うシティズンシップ教育－
2014 年～2018 年	学びをひらく －ともに"てつがくする"子どもと教師－

本校では、長年に渉って、目の前にいる子どもの実態を見つめ、その時々の今日的課題に照らしながら研究を進めてきた。これまでの研究を振り返ると、一貫して子ども一人ひとりが自ら主体的に学ぶ学習の在り方を「個の尊重」と「協働（協同）」の視点から探究し続けてきていると言える。

シティズンシップ教育に取り組んだ 2008 年度からの「公共性」及び 2011 年度からの「交響」の研究は、子どもの学びの「協働」する部分に焦点をあてて取り組んできた。その中で、「聴き合うこと」「個人の学びを尊重して他者と協働して学びを深める学習環境をつくること」「教師の意識変容を働きかけること」の大切さが浮かび上がってきた。

それらをふまえた 2014 年度からの研究では、「学びをひらく」姿には、「これまで気がつかなかった視点から新たな世界に参加すること」「そこで営まれている学びの姿に共感し追体験すること」「他者の声を聴く身体をもち、思考し続けること」など様々な姿があることが見えてきた。教師や子どもが、人やモノ、事象とかかわって情動が揺り動かされ、そのことをきっかけに、常に問い直し、揺れ動き、思考し続けていくことで学びの質を高め、世界を広げていくことになる、と考えている。

(2) シティズンシップ教育を基底とした "てつがくすること"

これまでの研究から、主体的に社会参画する市民としての資質・能力である「これまで気がつかなかった視点から新たな世界に参加すること」や「他者の声を聴く身体をもち、思考し続けること」といった姿を生み出すには、シティズンシップ教育への取り組みをベースとしながら、他者との異なりを聴き合いながら、自明と思われる価値やことがらに対して問い直し考え続けるという、"てつがくすること"が必要であると考えて研究に取り組んできた。

"てつがくすること"とは、「既知と捉えている事象や概念の意味や価値などに対して問いをもち、対話や記述などを通して、結論を急ぐことなく『概念探究』をし、『共通了解』を見出しなが

第1章 "てつがくする"教育課程の構想

ら思考していくことで、自らの考えを広げたり深めたりしていくこと」と考えている。

2014（平成27）年度より4年間、本校は、以下の研究開発課題で文部科学省研究開発学校の指定を受け、新教科「てつがく」を創設し、"てつがくする"教育課程を編成することになった。

【研究開発課題】『道徳の時間』と他教科の関連を図り、教育課程全体で、人間性・道徳性と思考力とを関連づけて育む研究開発を行う。そのために、自明と思われる価値やことがらを、「対話」や「記述」などの多様な言語活動を通して問い直し考える新教科「てつがく」を創設する。

"てつがくすること"で人間性・道徳性と思考力とを関連づけて育んでいくことが、学びと向き合い、主体的に学びに向かう力の原動力になるものと考えて取り組んできた。

そこでは常に、どうすることが"てつがくすること"になるのかを探ることを起点に授業づくりを考えてきた。思考し続け、自分と向き合う「個の学び」の様相については、図1のようにとらえている。

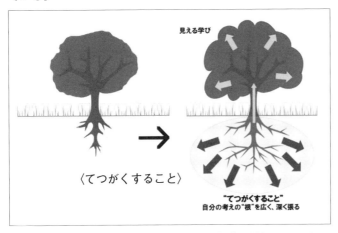

【図1】"てつがくすること"における「個の学び」の様相のイメージ

「個の学び」の様相を「樹木」に例えると、従来の学習では、幹の育ちや葉のつき具合など、主として「見える学び」に目が行きがちであった。"てつがくすること"は、土の中にある根が深く広く張れるように、対話などの活動を通して耕し、他者の考えを受け止めながら、根を太らせていくことである。根をしっかりと張ることによって、幹もたくましく育ち、見える学びの在り方も変えていくことができると考えている。

3 新教科「てつがく」の創設

(1) 新教科「てつがく」とは

新教科「てつがく」は、学問体系としての「哲学」を学ぶのではなく、思考力と人間性・道徳性を関連づけながら両面の育成を志向し、様々な価値や概念と向き合い、「対話」「記述」などの言語活動を通して互いの考えをじっくりと聴き合い、自ら問い直し考え続けるという学びである。3年生以上で、週1コマを時間割に位置づけ、さらに、朝の時間にも「てつがく」の時間をとることで、年間55時間を確保している。

子どもたちが成長する上で、所属する集団や社会の様々な規範に対応していくためには、社会の様々な規範に無自覚にならうのではなく、その社会的な意義やよさ、課題等を主体的に問い直すために「共通了解」という思考概念が重要になってくる。互いの意思や考えを受けとめ合いながら穏やかに対話し、結論を急ぐことなく、相互理解と話題に関する「共通了解」をふまえて粘り強く問い続けようとする姿勢が公共的な場における主体的な規範意識を形成すると考えられる。

新教科「てつがく」の目標及び育てたい資質・能力については、以下のように考えている。

【目標】自明と思われる価値やことがらと向き合い、理性や感性を働かせて深く考えねばり強く問い続けたり、広く思いを巡らせ多様に考えたりすることを通して、民主的な社会を支える市民の一員として、創造的によりよく生きるために、主体的に思考し、前向きに他者とかかわる市民性を育む。

【新教科「てつがく」で育てたい資質・能力】
○価値やことがらに、疑問・問いをもち、それらについて、批判的・多面的・論理的に思考し問い続ける。
○自らの思いや考えを伝えるとともに、異質性の尊重、多様性の受容を意識して、応答性のあるかかわりをもつ。
○自他の思考の仕方の共通性や相違性に関心をもちながら、価値やことがらを比較し、概念化したり共通了解を得たりする。

本校では、「思考力」を、各教科が個別に育てている思考力・判断力と、新教科「てつがく」で独自に育てている思考力・判断力を合わせたもので、「問い」を多面的に考え、対象や立場を変えながら考え続けることなどを指していると定義づけている。また、「人間性・道徳性」とは、他者の考えに耳を傾け、他者の主張を理解しようとする姿勢や、他者の主張の背景にある履歴や価値観などを受け止めて、前向きに応答しようとする態度であると考えている。

こうした目標及び資質・能力を育成すべく、「多様な思考の場」「他者との関わり、自己の在り方の追究」「共同体での探究と問い続ける姿勢」という三つの柱で、新教科「てつがく」の学習指導要領（巻末に掲載）を作成し、実践を重ねながら内容の妥当性を検討してきた。

また、新教科「てつがく」の授業で取り上げる「考える価値の例」は表2のように考えている。新教科「てつがく」では、価値内容を系統的に指導することは志向していない。問いを追究する中で、価値内容に触れながら思考していく過程を重視しているのである。

【表2】　新教科「てつがく」で考える価値内容の例

自己にかかわるもの	他者にかかわるもの	世界にかかわるもの
自主・自立 自律 自尊感情 心身の健康 など	自由と責任 平等 思いやり・ケア 寛容 信頼 共生 など	生命尊重 自然事象 環境と科学 伝統の継承 文化の創造 美 幸福 など

新教科「てつがく」の授業で扱う価値は、子どもが挙げた話題や問いから生じるものが多く、一つの話題や問いを追究する中で複数の価値を架橋していくことも多い。実際の授業では、子どもの問いを生かしながら、教師もまた価値内容に対する構想をしっかりもち、対話の展開に応じて複数の価値を架橋することを視野に入れて授業を構成していくことが求められる。そうした授業を通して、子どもの思考に対する意欲や姿勢はより高まり、子どもの価値内容に対する思考もまた大きく広がっていくと考える。図2は、そうした価値と価値との関係を表したものである。

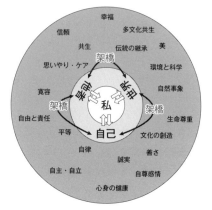

【図2】　考える対象とする価値内容の例

価値の架橋は、教師だけでなく子どもにも求められる。価値を考える主体は「個（私）」であり、授業においては子ども一人ひとりである。対話を行う中で、言葉は多様に飛び交い、扱う価値も動いていく。子どもが主体的に価値を架橋するためには、動いていく価値を外から俯瞰することが必要となる。俯瞰することで対話における、より自由で動きのある価値の架橋が期待できる。客体視して価値内容と向き合う「価値内容から開放された個（私）」を考えていく必要があると言えよう。そうした「個（私）」の立ち位置を表すべく、図3を作成した。

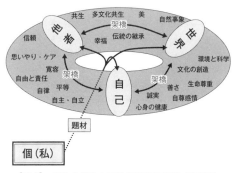

【図3】 考える対象とする価値内容の例（改訂版）

(2) 新教科「てつがく」の授業づくり

　新教科「てつがく」の授業は、多くの場合、子どもたちが抱いている、身近な生活や経験にかかわる素朴な思いや疑問を取り上げ、個々の感じ方やとらえ方を出し合うところから始まる。対話を重ね話題を焦点化し、その価値や意味に対する問いを共有し、個々の考えを対話して聴き合ったり、記述して読み合ったりして、自他の考えの異同を知り、価値や意味に対する概念を探究していく。概念探究は一つの解へと導くのではなく、共通了解できる部分を見出しつつ、個々の考えを深めていく。また、当初取り上げた価値とは異なる価値に話題が展開することも視野に入れ、複数の時間を掛けてじっくりと問いと向き合い、必要に応じて価値内容を架橋しながら進めていく。随時、自分の思考を振り返りつつ、多面的・多角的に思考し続けることで、人間性・道徳性を涵養していくこととなる。

　新教科「てつがく」の授業では、「友達と親友は違うのか」「大人になるってどういうこと？」「頭がいい人ってどういう人？」「頑張るってどういうこと？」「なぜ他人の目が気になるのか」「生きるとは」「幸せとは何か」等々、実に様々な問いを取り上げている。問いは、身近な生活の中から、子どもたち自身が考えたものを取り上げることも多いが、子どもたちの実態を見ながら教師が提示することもある。問いについて対話していくと、1時間の授業では収束しないことが多い。授業の終わりには振り返りとして自分の考えを書き、前時の対話や記述をもとに、最初の問いから派生した関連する問いへと問いを変化させながら、同じテーマについて数時間かけて掘り下げていく。同じテーマでも個々のとらえ方は実に多様であり、そこを照らし合わせる中で、様々な見方や価値に触れたり内容が複雑に絡み合ったりしながら対話が深まっていく様子が見られている。

(3) 新教科「てつがく」における学びの見取りと評価

　新教科「てつがく」では、対話や記述から教師が子どもの考えを見取り、最初の考えから変容していく過程を見ていく。子どもの記述を分析すると、問いに対して自分なりの論理をもって考えている子は、話題に関連する「自分の経験」や話された「友達の考え」をもとにしていることが見え

てくる。子どもの記述は、対話を経た疑問や考えを把握し、次時にどのような問いから始めるべきかを考える指針となっていく。こうした子どもの学びをしっかりと見取ることができるよう、複数の教師による見取りを共有し、評価の妥当性を検討していくことも大切である。

また、新教科「てつがく」では、自分を見つめる力、そして、その上でよりよく生きるために自分が納得できる判断をしていく力を養っていくために、自分や自分たちの学びを振り返り、客観的にとらえる自己評価を重ね、子ども自身が自己評価できる力も高めていきたいと考えている。

こうした新教科「てつがく」の評価は、道徳科と同様に、数値化するのではなく、学びの過程を重視して、エピソードとして記述していくことが大切であろう。

4 "てつがくする"教育課程

(1) 教育課程の構想

教師も子どもも様々なことを問い直し、思考し続けていくためには、新教科「てつがく」だけでなく、対話空間を大切にし、教育課程全体で"てつがくすること"ができる学びの場をつくっていくことが大切である。"てつがくすること"は、学ぶ意味を問い直し、改めて自己の学びと向き合いメタ認知することにつながるものであり、「深い学び」を生むためにも、どの教科でも大切にすべきものと言える。そのため、図4のように"てつがくすること"を軸として各教科の連関を図り、全体として、自らの思考を広げ深めることにつながる教育課程を編成してきた。

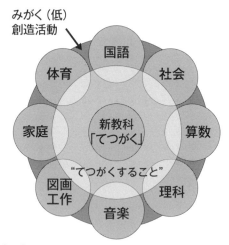

【図4】"てつがくすること"を中核とした教育課程の概念図

新教科「てつがく」を中核に据え、各教科等も含め教育課程全体を通して"てつがくすること"を大切にして、様々な他者の考えにふれて自らの世界を広げつつ、さらに思考し続け、それぞれでの学びを関係づけながら深めていくことが大切であると考えている。

(2) 各教科等における"てつがくすること"

"てつがくすること"は新教科「てつがく」と各教科の学びとをつなぐものでもある。図5は、図4を立体的にとらえ直し、断面図によって"てつがくすること"や「みがく／創造活動」と、各教科等との関係を表した図である。

どの教科等の学びの中にも"てつがくすること"はある。それは、その教科の特質と向き合い、その

【図5】 教育課程概念図の断面図

意味を問うという、本質的な学びだと言うことができる。詳しくは、第4章を参照されたい。

こうして、教育課程全体を通して、人間性・道徳性と思考力とを関連づけて育むことができるよ

う、個々の教科と新教科「てつがく」との関係を探りながら、具体的な教育課程の構想を練ってきた。

(3) 低学年教育と「サークル対話」

　1・2年生では、教科として"てつがくすること"を行うのではなく、総合的な学びの場である「みがく」の時間の中で「サークル対話」などを通して、中学年以降の"てつがくする"学びの素地ともなる"てつがくすることに向かう身体"を育むことが大切と考えて取り組んでいる。「サークル対話」は、生活の中で感じたことや経験したことを聴き合い語り合う場として、本校では、入学当初から継続して行っている活動である。特に低学年では、子どもたちが一つの輪になって座り、肌の触れ合うような距離感で安心感をもって聴き合うことを大切にしてきている。こうした活動の中で、自分の思ったことや感じたことを安心して語り、一人ひとりがそれを受けとめることができる関係性をつくることに努めてきた。この空間が、"てつがくすること"にもつながる対話を成立させ、活性化させる上で基盤となるのである。

(4) 教師もともに"てつがくする"

　本研究に取りかかった当初は、哲学者の講演会や哲学カフェの体験、哲学対話のワークショップを行うなど、専門家等に学ぶ機会を得たり、先行研究である子ども哲学（p4c）の実践に学んだりして、"てつがくすること"とはどういうことなのかを、理論と実践の両面から学びながら、教師自身が探り、教師相互に共有することから取りかかった。

　"てつがくすること"に取り組んできて、子どもたちが互いの考えを聴き合い、考え続けるようになるためには、まず教師が子ども一人ひとりの考えをしっかりと聴き、拙い言葉で伝えようとしている意味を考えて、問い返したり、教師自身の考えを深めたりするといった、教師もともに"てつがくすること"が大切であるということが見えてきた。

　事前の教材研究として、問いや思考の広がりを想定して「学びの地図」を描いておくことは必要だが、実際の授業では、そこにとらわれることなく、子どもの声にじっくりと耳を傾けてその思考に寄り添うことを大切にした。その上で、授業後には、子どもの声から自分自身の授業観を問い直す。そうした営みこそが教師自身が"てつがくすること"になるのである。

　こうした取り組みを続けてきて、教師の姿勢にも変化が出てきた。子ども一人ひとりの学びを丁寧に見取り、自らの授業を振り返り、問い直す姿が増えてきている。

5　小学校で"てつがくすること"の学び

　加速度的にめまぐるしく、より複雑に変化していく現代社会を生き抜く上で、自ら物事の意味を考え、自分なりに意味づけながら、主体的に行動していく資質・能力を培うことは必須である。そ

のためには、小学校段階から、日々の学びの中で"てつがくすること"を積み重ねていくことが大切と考えて取り組んできた。

　4年間"てつがくすること"に取り組んできて、「聴き合う身体ができてきたこと」「自ら問いをもつ様子が増えてきたこと」「性急に答えを求めず考えようとすること」など、子どもたちの姿には変化が見られる。「てつがく」への関心・意欲も高く、3年間「てつがく」に取り組んだ6年生の卒業文集には、例えば「友達とは？」というような問いを自ら立て、自分の考えを述べていくような"てつがくする"姿が2割以上の子の作文に見られた。その中で、「てつがく」を話題にしている二人の作文を紹介する。

> 〈前略〉　てつがくの授業で哲学を知り、哲学の本を買った。ぼくは本を読んで、考えて知るということを学んだ。これは、ぼくの人生を大きく変えたと思う。なんというか、世界が広がったって感じなんだよなぁ。あたり前のことがあたり前ではなくなるから、もっと「知る」っていうことに関心が出てくる。　〈後略〉

> 〈前略〉「てつがく」のテーマになるかを考える事もまた「てつがく」の一部だと思う。私は、「てつがく」とは、「答えのない、自由なもの」という風に思っている。だからこそ、「てつがく」が好きなのである。　〈後略〉

　このように、「てつがく」での学びは、その授業だけにとどまらず、日々の生活の中での思考や生き方にも大きな影響を与えている。

　哲学的な問いには、大人でも明快な答えを出すことができないものが多々ある。よく「てつがくには答えがない」と言われるが、実は、万人共通の答えというものが定まらないだけで、個々に真なるものを求めて追究し、様々な考えにふれ、多角的に検討することを通して、自分なりの答え（＝深い考え）を見出していくものである。

　このような新教科「てつがく」は、学習内容ありきの既存の教科とは、様々な面で異なる学習であり、一見とらえどころのないもののように思われることもあるが、実は、これからの社会を生き抜くために欠かせない、大切な資質・能力を育む教科と言えるだろう。

（片山　守道）

第2章

新教科
「てつがく」とは

▼
▼
▼
▼
▼

「てつがく」に取り組むようになった経緯について

▼

　PISA調査など各種の調査からは、我が国の児童・生徒について、思考力・判断力・表現力等を問う読解力や記述式問題、知識・技能を活用する問題に課題が見られると指摘されてきました。そのような背景が影響したのか、文部科学省研究開発学校では、論理性を高める研究が多く見られました。それらに対して、国立教育政策研究所は、「人間を全体的にとらえ、思考力等（知）、道徳性等（心）を関連づける必要が」あり、それが「21世紀型能力」であると提言しました。本校ではその要請に応え、思考力の育成が人間性・道徳性の育成につながる全人格的な教育を目標に計画を立てました。そこで、道徳的には既に自明とされている価値や、生活の中で当たり前と思い込んでいる事柄などについて、多様な言語活動を通して、改めて問い直す哲学教育の発想が有効だと考えました。それが新教科「てつがく」誕生の背景です。

　本校では、2006年度から「小学校における『公共性』を育む『シティズンシップ教育』」（文科省研究開発学校）、2009年度からは、「『交響して学ぶ子を育てる』シティズンシップ教育」の教育研究を進めてきました。これらの研究を通して、自分を受け止めてくれる他者の存在を信頼して、安心して自分を表現できるように自己肯定感を高める姿、異なる意見をもつ相手を思いやって分かりやすく説明するケア的な姿などが見られました。つまり、「対話」的で公共的な呼応空間で、異質な他者と協働して思考を深める相互行為は、子どもの人間性・道徳性にかかわる態度に変容を促すことが明らかになりました。学校教育において、子どもの人間性・道徳性にかかわる態度育成に影響力をもつものは、「道徳教育」に間違いありません。しかし、「善悪の問題も立場によって見方が異なる場合…（中略）…どのように対応すべきかなどについて、多角的・批判的に考えさせたり、議論・討論させたりする授業」ができていなかったなどの課題も抱えていました。「善悪の問題も立場によって見方が異なる」ことを前提に学ぶ場を設定すれば、子どもが、当たり前と思い込んでいる善悪の価値と具体的事象について、それを自明のものと切り捨てず、改めて考え直す態度を形成することができるはずだと考えました。

　「道徳の時間」の目標は、「道徳的な判断力、心情、実践意欲と態度」の育成で、これらは「…道徳的価値を実現するための適切な行為を主体的に選択し、実践することができるような内面的資質」と説明されます。しかし、多角的・批判的に考える学習が不十分では、子どもが適切な行為を主体的に選択することも覚束ないと感じました。学級や社会の構成員が多角的・批判的に考えた上で共通了解した価値が、道徳や規範になることを鑑みると、量的にも質的にも十分で多様な言語活動を通して、多角的・批判的に考える学習を、ますます充実させる必要があると考えました。このような道徳の授業は、価値を自明のものと切り捨てず、改めて考え直す態度を形成する「哲学教育」と親和性があることから、本校では、「哲学教育」を重点にした研究開発に取り組むことにしました。

【引用・参考文献】
国立教育政策研究所（2013）『社会の変化に対応する資質や能力を育成する教育課程編成の基本原理』
文部科学省（2013）道徳教育の充実に関する懇談会『今後の道徳教育の改善・充実方策について』
文部科学省（2013）「小学校学習指導要領解説」特別の教科　道徳編
（岡田　泰孝）

第2章　新教科「てつがく」とは

「てつがく」の目的

▼

　新教科「てつがく」（以下、「てつがく」と略記）は、「21世紀型能力」の養成に応え、思考力の育成が人間性・道徳性の育成につながる全人格的な教育を目標にしています。そこで、道徳的にはすでに自明となっている価値や、子どもたちが日々の生活や経験の中で抱いている素朴な疑問をもとにテーマや問いを設定し、対話を主とした多様な言語活動を通して深め、探っていく学習活動を設定しています。

　では、どのように「深め、探っていくのか」を、子どもたちの実際の姿から「てつがく」の目指しているところを考えていきたいと思います。「てつがく」の学習では、問いについて一人ひとりがじっくりと考え、対話の中でそれぞれの考えを聴き合います。友達の考えとの共通点を見出したり、逆に差異を明らかにしたりすることで自分の考えをよりクリアなものにし、自己を問い直し、思考が再構築されていくのです。また、対話などを通して、新たな問いが生まれて、さらに自己を問い直していく姿が想定されます。

　例えば、第4学年の子どもたちが、「ふつうってなに？」について「てつがく」対話を行ったときのことです。約3回の対話を経て子どもたちは、「ふつうとは、その人の『ものさし』によって変わる」ということで共通了解しました。その人の周りの環境や状況、立場などによって『ものさし』のめもりの大きさや単位が異なるので、人それぞれの「ふつう」があって然るべきだ、ということでした。

　このように、できるだけ、誰もが納得できるような「共通了解」を見出していこうと探究していくことは、本校の「てつがく」の特徴の一つです。しかし、共通了解されたことが、学びのゴールとしてとらえられてしまうことは、「てつがく」の望むところではありません。共通了解は、その学びの共同体における、その瞬間の一時的な一致点にすぎません。子どもたちは、学び、成長する過程にあるのです。今ここで、共通了解されたことは、すぐさま壊されることもあります。

　事実、この事例でも、Ｔ児が「『ふつう』はみんな違ってもいいけど、ぼくはみんなと同じ『ふつう』の基準をもっていた方が安心するし、みんなの『ふつう』が同じだったらいいなぁ」という発言をし、改めて問い直しが始まりました。最終的に、このＴ児の考えにほかの児童たちも納得し、探求の共同体の学級として、再度共通了解に至りました。Ｔ児は、学級で最初に共通了解した瞬間にその概念を壊し始めたのです。

　すなわち、「てつがく」の目指していることとは、問いに対して「共通了解」をゴールとするのではなく、その共通了解に対して、新たな問いや課題を見出す過程そのものなのです。子どもたちが、毎時間の自己評価で、その問いに対して「分かった！」と書くよりも、「ますます分からないことが増えた」や、その問いに関連して「新たに○○について考えたい」といったことを記述する方が、「てつがく」の目指す学びにふさわしいのです。つまり、「てつがく」はゴールのある学びではなく、考え続けるエンドレスの学びとも言えましょう。

【引用・参考文献】
河野哲也（2018）『じぶんで考えじぶんで話せるこどもを育てる哲学レッスン』河出書房新社
苫野一徳（2017）『はじめての哲学的思考』筑摩書房

（野萩　孝昌）

教材研究の仕方

"ともにてつがくする子どもと教師"でありたいと思いながら「てつがく」に取り組み始めましたが、授業を進めると、教師の役割や教材研究の在り方について悩みが生まれました。以下では、実際に行ってきたことを振り返り、教材研究に対する、現時点での考えを整理したいと思います。

> ①自分で考えてみる。
> ②近くの人とそのテーマで対話してみる。
>   哲学者がどのように考えているのかを知る。
> ③問いの構造を整理する。
>   子どもの対話や記述から問いを整理する。

まずは『そのテーマについて、教師自身が"てつがくする"こと』を大切にしながら、右の方法で教材研究を行いました。もちろん、いつもこの方法とは限りませんが……。

例えば「ゆめの世界とは?」というテーマの場合、まずは、自分自身でゆめについて考えてみます。問いを立て、自己内対話をしながら考え、その結果を下記のようにノート等に残していきます。

> ゆめの世界とは?→どんな世界?／もう一つの世界がある?→ゆめと現実の違いって何?→ゆめは自分だけの世界? それともみんな同じ世界?→今いる世界はみんなの世界? 自分だけの世界?→どうしたら、今いる世界はゆめの世界ではないと言いきれるの?

移動時や眠る前など、ふとしたときに考え、それをメモするようにします。その際、「ゆめの世界とは○○である」といった答えを求めるのではなく、問いに対してじっくりと考え、考えることを通して生まれた問いを残し、それについてさらに考えていくことを意識しました。また、他者と対話することは、考えを広げ、深めていくことに大いに繋がりました。同僚や友人、家族との対話の時間はとても楽しく、その人の新たな魅力を知る時間にもなりました。加えて、『現代哲学事典』などを通して、哲学者がどのように考えてきたのかを調べてみます。すると、「ゆめとは何か?」や「ゆめと現実はどのように区別されるのか?」について、哲学者も色々と考えてきたことが分かりました。

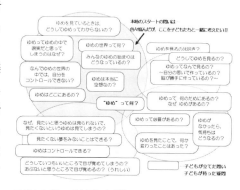

このように、周りの人と対話し、哲学者の考えてきたことを知り、さらに自分で考えることを繰り返し行います。そして、実際の授業での対話や子どもの記述から、テーマに関する子どもたちの問いを整理し、教師自身が考えてきたことと合わせて、それらの問いを

子どもの問い(上図)と教師による問いの整理－ゆめと現実を対比させて構造化－(下図)

構造化する(図参照)ことで、てつがくにおける「教材研究」を行っていきます。授業では、これらの「教材研究」にもとづき、子どもたちとてつがく対話をたのしみながら、必要に応じて"問う"ことを行います。

【参考文献】
山崎正一、市川浩編 (2004)『現代哲学事典』講談社現代新書、pp.624-625

(久下谷 明)

第2章　新教科「てつがく」とは

子どもとともに話し合う内容を決める

▼

　子どもたちが考えたいことを出し合い、それらをもとにして問いをつくっています。

　「当たり前だと思っていることは何ですか？」や「てつがくの学習で話したいことは？」という発問をして、子どもたちから考えたいことを引き出します。そして、子どもたちが考えたいことと教師が考えさせたいことを擦り合わせたり、話し合いの中からテーマを子どもたちが選んだりして問いをつくっています。「てつがく」の学習が始まる3年生と、学習を積み重ねた6年生では問いのつくり方が変化していくようです。

　右は、3年生が初めての「てつがく」の学習で、当たり前だと思っていることについて話し合ったときに出てきた内容の一部です。

| ・朝昼晩ちゃんとご飯を食べる |
| ・服を着る　・生きている　・寝る |
| ・歯磨きをする　・空気がある |
| ・信号を守る　・心臓は動く |
| ・宇宙がある　・風呂に入る |

　このときは、当たり前のことを分類して「生活の当たり前」「人の当たり前」「自然の当たり前」というテーマを設定しました。子どもたちの様子を見ていると、「生活の当たり前」についての話のときに多くの反応が見られました。例えば、「歯磨きをする」という発言に対して「しない人もいる」などの反応がありました。そのような様子を見て、「生活の当たり前」から問いをつくることにしました。歯磨きについて子どもたちに聞いてみると、自分の意志でやっている子と親にやりなさいと言われてやっている子がいるようでした。そこで、「どんなルールや決まりで生活しているか？」という問いを教師が設定して、子どもたちそれぞれがどのようなルールや決まりの下で生活しているかを話し合うことにしました。

　「てつがく」を始めたばかりである3年生の場合は、教師が設定した問いで話し合いをしましたが、教師が問いを提示する前に子どもたちが考えていることを出し合い、分類しました。そして、子どもたちの様子を見て、教師が子どもたちに考えさせたいことと擦り合わせて問いをつくりました。

　右は、6年生が「てつがく」の学習で話したいことを出し合ったときの内容の一部です。この子どもたちは、話したいことが、そのまま問いの形になっていました。そこで、出てきた問いを分類しました。すると、「幸せと不幸せ」「時間の流れ」という二つの大きなテーマを設定できました。そして、ファシリテーター役の子どもが、話し合いたいことの記録をもとに問いをつくりました。また、話し合いを振り返って、次の問いをつくるファシリテーター

| ・ドラえもんがいると本当に幸せになれるのか？ |
| ・一番大切なものは目に見えるのか？ |
| ・国によって言語が違うのはなぜか？ |
| ・お金は必要なのか？ |
| ・なぜ楽しい時間は短く感じるか？ |
| ・なぜ人は古い物から新しい物に変えるのか？ |
| ・正義とは何か？ |

もいました。教師はこれらの問いをどう構成していくかを考えながら「てつがく」の学習を進めていきました。

　6年生は、「てつがく」の学習を経験してきたことを生かして、自分で問いを立てることができました。問いを分類し、整理することによって何について話したいのかというテーマをはっきりさせました。そして、ファシリテーター役の子どもが中心になって話し合いの問いをつくっていました。

（草野　健）

25

「てつがく」の授業と出会い、考えていること

▼

「てつがく」との出会い

　「てつがく」という授業と初めて出会い、どのように進めていったらよいのだろう、子どもにどんな力を身につけさせたいのだろう、そもそも“てつがくすること”ってどういうこと？　分からないことだらけのスタートでした。その反面、子どもたちはもう研究4年目ということもあり学習の進め方もよく分かっていたので、ただ見守るだけの状態。教師の役割って何だろう……子どもたちは話すことを楽しんでいるようだけれど、何を学んでいるのだろう……。様々な悩みを抱えながら、悶々と学習を進めてきました。今でも答えは出ず、悩みは尽きません。

日々の学びの中で

　日々の授業を振り返ると、一時間の授業の中で、教師の役割はあまりに多いように感じます。めあてを提示する、発問をする、板書をする、発言を促し指名する、学習をまとめる……。さらにその中で、子どもの言葉を拾い、価値づけし、記録し、次の授業に生かす。教師の役割の多さに戸惑い、何を優先したらよいのか分からなくなることもしばしばあります。

　しかし、「てつがく」では、その「当たり前」を一度取り払い、思い切って子どもに任せることが必要です。そして、教師が子どもと同じ目線に立ち一個人としてサークルに参加することで、子ども一人ひとりが主体となって考え、友達とかかわり、生き生きと話すようになります。対話の中で気になる発言や立ち止まって考えさせたいことがあったら、教師も子どもと同じように手を挙げて発言をします。学習の最後には、その日の活動の中でよかった発言や行動を価値づけます。そのようにして、安心して話すことのできる雰囲気づくりを大切にしてきました。特に心掛けていることは「聴く姿勢を示す」ということです。話している子どもの目を見て、うなずき、その子の背景にあるものを探りながら、教師自身が「聴いているよ」という合図を常に送り続けることが、クラスの聴く雰囲気をつくります。まずはお互いの話を「聴く」ことができるようになると、安心して子どもに任せることができました。

　また、子どもの話を聞いているうちに、“てつがくすること”が少しずつ楽しくなってきました。「時間」や「夢」ということについてこんなにじっくりと考えたり、人の考えを聴いたりすることが今までなかったからです。子どもの考えを聴くと、自由で柔軟な発想にいつも驚き感心します。もっと話を聴きたいと思います。そして、いっしょに考えたい、話したい、と思うようになりました。さらに、「てつがく」に出会ってから、生活の中で「これはどうなっているのだろう」「どうしてそうなるのだろう」と立ち止まることが多くなりました。「私は何がしたいのだろう」「これでいいのかな」と、自分のこと、自分と人とのかかわりのことについてもじっくりと向き合えるようになってきました。

　「てつがく」の授業について、まだまだ悩みは尽きません。分からないことばかりです。ただし、「これ！」という正解もなく、ないからこそ考え続けることができます。私たちはこれからも、「てつがく」の授業について考えを深め、子どもたちとともに楽しみながら“てつがくすること”を続けていきます。

（川口　有美）

第 2 章　新教科「てつがく」とは

低学年での取り組み

本校では、2003 年から幼小接続期を設け、「なめらかな接続」と「適度な段差」をキーワードとして、ボトムアップを大切にした幼小連携研究を進めています。幼稚園などの就学前教育と小学校 1 年生をなめらかに接続するために、教育課程の見直しを行うなどの研究を進めてきました。この低学年教育、とりわけ幼小接続期で大切にしていることは、「生活から立ち上がる学び」で、子どもの生活と経験を生かした教育課程の在り方です。2012 年からは、個別と協働、プロジェクト型の学習を中心に行っています。子どもたちの主体的な学びや活動を生活のすべての面で発揮させるように、カリキュラムを見直して進めます。

私たちの考える幼小接続は、小学校に入学する際にどんな力が必要で、幼稚園が何をしておくべきか、という考え方ではありません。子どもたちは、幼稚園であそぶことを通して、様々なことを学んでいます。主体的に対象とかかわることや試行錯誤すること、友達と調整をしながら取り組むこと、年下の子のお世話をすることなど、たくさんあります。そこでは、他者とのかかわりだけでなく、様々な知識を身につけています。幼稚園で身につけた力を生かして、小学校での生活と学習をつくることがボトムアップであると考えています。

とはいえ、就学前教育の生活から小学校の生活への変化は、子どもたちにとっては大きな負担となるものです。その負担を小さくなめらかにするために、どのようなボトムアップを目指していくべきか。その一つは、無自覚的なあそび／学びから、自覚的なあそび／学びへと成長していくことだと考えます。これは少し見方を変えると、やりたいことをやれることが保障されていた幼児期から、たくさんの決まりごとや枠組みがある小学校へ、どのように接続していくかということでもあります。このやりたいことと枠組みとの葛藤を、子ども自身の手でどのように超えていくか、その場をどう教師が創りかかわっていくかが、低学年教育で大切にすべきことだと思います。その手だての中核にあるものがサークル対話です。サークル対話については「サークル対話のよさや気を付けることは？」を参照いただき、ここでは計画表にもとづく個別の学習について紹介します。

計画表にもとづく個別の学習は、自ら課題を選び、計画をたてて学習し、その学びの履歴を一定の期間（本校では 2 週間）ごとに、自分だけでなく教師や保護者とともに振り返る学習活動です。具体的には、朝、子どもたちは登校すると、自分の計画表を開き 1 日の学習計画を立てます。昨日やり残したことや今取り組まなくてはならないこと、やりたいことを考えながら計画を立て、個々が立てた計画をファミリーと呼ばれる班で聴き合い、アドバイスを送り合います。これらをすべて子どもたちが自分たちで進めています。そして、実際の個別の学習の時間は「えらぶ」の時間と呼んで活動しています。この時間は、それぞれが自身の立てた計画をもとに学習に取り組みます。この「えらぶ」で学習したことも、サークルで報告し合っています。1 日の最後には、立てた計画がどれくらい進んだかを個々で振り返った後、ファミリーでもそれを伝え合いアドバイスを送ります。

計画表で取り組む内容は時期によって変化しますが、自ら選ぶという行為には、主体性と責任が求められます。それだけでなく、計画表を用いて選んだ活動を視覚化し、意識的に振り返る経験を重ねることが、「自立」や「自律」を促す一助になると考えています。

(本田　祐吾)

中学年での「問い」

▼

　問いを立てることからてつがく対話は始まります。3年生は「てつがく」の授業のはじまりです。そこで、まず学校や友達のことなど身近な疑問を出し合ったり、学びや生活の振り返りをしながら気になったキーワードを挙げたりして、具体的な場面から生まれた問いを話し合うことから始めます。子どもたちが自分で立てる問いもあれば、教師から投げかける問いもあります。例えば、「なぜ席がえをするのか？」「早い者勝ちってどういうこと？」「なぜけんかをするの？」などの問いです。4年生になると、子どもたちが話し合いたいことも多岐にわたるようになり、大きなテーマに目を向け、「成長するってどういうこと？」「好きってどういうこと？」「時間は永遠に続くのか？」など、抽象的な問いを好んで話し合うことも多くなってきます。このような姿は3年生でも見られますが、少し背伸びした抽象的な問いも、自分の気持ちや経験を素直に表せる中学年の時期だからこそ、避けずに話し合っています。その際には、子どもたち同士の対話を尊重するように教師の立ち位置には十分な配慮をし、答えを性急に求めることのないように留意しています。

　これまでに3年生・4年生のてつがく対話で話し合ってきた問いの一部を紹介します。

3年生の問い	4年生の問い
□居心地のよいクラスって？	□公平と不公平　　　　□差別とは？
□ルールや決まりがなかったら？	□ゆずるってどういうこと？
□決まりごとはあった方がいいの？	□よいこと・わるいこと
□けんかについてどう思う？	□私たちは、なんで生きてるの？
□本ってそんなにおもしろい？	□人間は生まれる前はどこにいたの？
□写真を撮って安くプリントできるのになぜ絵を描くのか？	□人はなぜわすれるの？
□プレゼントを手作りするとなぜうれしいんだろう？	□人はなぜ怒るのか？
□がんばるってどういうこと？	□神様はいるか、いないか？
	□好き・嫌いがあるのはなぜ？

3年生にも4年生にもみられる問い		
□どんなクラスにしたいか？	□楽しいって何だろう？	□自分って何だろう？
□どうして勉強するの？	□幸せって何だろう？	□命って何だろう？
□夏休みの宿題は必要か？	□心とは何だろう？	□ゆめについて
→宿題とは何か？	□友達って何だろう？	□時間について

　子どもたちは、これらの問いを友達と話し合うことを通して、考えが深まっていったり、異なる考えに出会うことで、自分の考えが揺さぶられたり、広がったりする楽しさを実感しています。

　また、一つの問いから、さらなる問いが生まれることもあります。例えば、「人はなぜ怒るのか」から「怒りという感情は必要なのか」「なぜ感情が生まれたのか」「気持ってって何？」……、のように問いがつながっていきます。さらに、対話の過程で「この問いでは話が深まらない」「そもそも○○って何かを考えた方がいい」という声を子どもたちが挙げるようになり、同じテーマでも、問いかけ方によって対話の広がり方や深まり方が違うことにも気がつき始めます。同じテーマを3年生でも4年生でも扱うこともありますが、3年生からてつがく対話を積み重ねた経験から、4年生では「問い」の重要性を意識するようになり、より客観的に自分たちの対話をとらえるようになって、当たり前のこと、自明のことを問い直す姿勢が培われていくことを実感しています。

（横内　智子）

「てつがく」の授業が始まる3年生の対話の様子

　3年生では、2年生までの経験を生かしながら「てつがく」の授業をはじめていきます。低学年では、サークル対話を中心に自分の経験や考えを語ったり、友達の話を聴いて質問したりする中で、安心して対話できる空間を育んできました。しかし、3年生への進級時にクラス替えをすると、4月当初はなかなか自分の言いたいことを言い出せなかったり、友達の話を聴けなかったりと、対話が成立しているとは言えない状態になることがあります。そのため、まずは学級内で聴き合う関係をつくり、友達との違いを受け入れ、安心して対話できる場にしていくことが大切です。同じようなことが起きやすいクラス替え直後には、どの担任も気を遣うことです。

　3年生のはじめは、日々のサークル対話や絵便りなど、子どもたちの生活の中から出てきた問いを扱うように心がけています。低学年からの自然な接続を意識しているからです。例えば、「なぜ席替えをするのか？」「なぜあそびは飽きるのか？」といった問いです。「なぜあそびは飽きるのか？」についての対話では、子どもたちは自分が飽きてしまった経験をもとに語り、対話の中で問いが「どんなときに飽きるのか？」「飽きるってどういうこと？」へとつながっていきました。身近な自分の経験を語り聴くことは、物事を具体的に考える段階にある3年生にとって適切で大切な学び方です。経験をもとに考え対話する中で、新たな問いが生まれ、対話が進んでいきます。

　概念探究していくときの難しさは、見えにくいものを探究しているために、子どもたちは何を話し合っているのかが分からなくなってしまうことです。3年生の子どもたちは、自分の考えが友達に十分に伝わらず、もどかしく感じることもあります。そのような場面では、自分の考えを図で表し、伝えようとする姿も見られます。

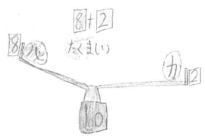

「たくましい」のイメージ図

　ここで、「たくましいってどういうこと？」についての実践を紹介します。子どもたちが対話し、学級内で「たくましいというのは、体も心も強くないといけない」ことが共有されました。そこで、1人の子が、黒板にたくましさの心と体（力）の強さの関係を、天秤の図で表しました。教師はそれを取り上げて、子どもたちのもっているたくましさのイメージを、図に表し共有することにしました。次の時間に、それぞれの図を持ち寄ってみんなで話し合ったところ、話し合いが活発になり、たくましさの意味が、以下のように共通了解されました。

[たくましいの意味]
　心も体も強いこと。また、力があるかないかではなく、大事なときに力を出せること。努力して挑戦すること。男女関係なく、実際にたくましい事ができればいい。今までより成長すること。

　3年生の子どもたちにとって、図で表すということが、概念探究にはとても有効であったと考えます。

　子どもたちは対話に夢中で、授業の終わりには「えーもう終わり？」「まだ話したい」といった声が多く挙がります。対話後のわずかな時間でも、自分の考えの変容や自分たちの対話の進め方、聴き方を見つめられるように、振り返りをおこなうことを大切にしています。　　　（落合　菜々子）

中学年・高学年の子どもたちの問いをみて湧き出た問い

▼

　本校の新教科「てつがく」は3年生から実践されています。そこで、ふと、「てつがくを始める3年生と6年生の問いをくらべてみたら何か分かることがあるかもしれない」と思い、それぞれの1学級に協力していただき、問いを集積・比較してみることにしました。

　ところが、実際に見てみると、明らかにするというよりむしろ、分からないことが少しずつ湧き出てきたのです。私は、前提として、「問い」は、他者やモノとの関係から何かしらの影響を受けて湧き出てくるものととらえており、それは他者と共有されることがあっても個人的なものであると考えています。ですから、以下は、私の眼でみて、湧き出た問いであることをご容赦ください。

ある学級の問いの集積から（3年生と6年生の1学級を無作為に事例として取り上げて）

3年生	○心って何だろう ○なぜあそびに飽きるのか ○なぜ欲しいものが手に入ると嬉しくなるのか ○なぜ動物はかわいいのか ○頭がよいってどういうこと ○なぜ人はだまされるのか ○幸せって何だろう ○楽しいって何だろう ○なぜ秘密は教えたくなるのか ○当たり前ってなんだろう ○プレゼントを手作りすると、どうして嬉しいんだろう ○ハイチュウはなぜハイチュウというのか ○秘密ってなぜ教えたくなるんだろう	○友達はいた方がいいのか ○「本当の友達」とは何か ○友達と親友はどう違うのか ○話し合いは何のためにあるの ○災害が起きたとき、自分と人の命のどちらの命を優先するか ○同じ人間でも、なぜ偉い人がいるのか ○友達って何だろう ○なぜけんかは起きるのか ○けんかをすることは損なのか、得なのか ○けんかにならないためにはどうしたらいいのか ○なぜ虫が好きな人と嫌いな人がいるんだろう	○命はどこにあるのか ○人はなぜ死ぬのか ○人は死んだらどこへ行くのか ○黒板はなぜ緑なのか ○宇宙人はいるのか ○平和って何だろう ○なぜ学校はあるのか ○世界で一番偉い人は誰 ○世界で最初にできた物は何か ○サンタクロースはいるのか ○天国はあるのか ○なぜ人は生きているのか ○ないってどういうこと ○なぜ時間を守らなければいけないのか ○物にはなぜ名前があるのか ○なぜ人類は生まれたのか
6年生	○他人と自分の境界線って？ ○楽しいとは ○人間関係について ○悪いことと正しいことの規準は ○友達とは何か ○感じるとは何か ○よい大人になるには ○何のために生まれてきたのか ○発言しないのは悪いことか ○責任ってどんなこと ○がまんとは何か ○努力とは何か ○好きとは	○他者とは誰か ○なぜ人は他人を気にするのか ○他人と自分の境界線って？ ○自由とは何か ○ついてよい嘘、悪い嘘 ○決定の仕方は多数決でよいか ○けんかは何から生まれるのか ○友達はたくさんいたほうがいいのか ○親友と友達は違うのか ○感情とは何か	○時間とは何か ○「てつがく」の授業は必要か ○美しいって何だろう ○奇蹟とは何か ○心とは何か ○天国は本当にあるのか ○死とは何か ○正しいとは何か ○人が一番幸せなのか ○言葉とは何か ○人の地位はどのように決まる ○無限はずっと続くのか ○差別はなぜ起きるのか ○やさしいかたちとは

Q1．偶然かもしれませんが、3年生の問いは、起こった事象・見たことなどの経験から「なぜ？」と問うものが多いように見えます。教師にどのように問われたかにもよりますが、「問いは？」と聞かれると、学年が若い子どもの方が、具体的な事象を思い浮かべるのでしょうか。

Q2．6年生の問いは、「～とは何か」と概念を問うものが多いように思います。これまでの「てつがく」で、概念や前提を問わないと議論できないという経験をしているからなのでしょうか。それとも、高学年になると、概念を探究したい、その意味を見いだしたいと思うのでしょうか。抽象的なものを問いたくなる動機は何なのでしょうか。

(神谷　潤)

「てつがく」の学びにおける教師の役割

▼

どのように授業をデザインするか

子どもたちが身近な生活や経験の中で抱いている素朴な思いや疑問の中で、「話し合ったらおもしろそう！」「話し合いが深まりそう！」というようなテーマを設定します。その後、教師は、授業デザインを行います。子どもたちと一緒に設定したテーマは、複数の価値につながっていく可能性があります。そこで、どのような価値内容につながっていくだろうか、そのような価値について概念探究をするには、どのように問うていけばよいかなどを考えます。

教師は対話をどのようにファシリテートすればよいか

教師も子どもたちと同じ一人の対話者だとすると、対話の中での教師の立ち位置をどうすればよいかということは悩ましい問題になります。授業者が描いたデザインのもと、授業が進んでいきますが、そのデザインに固執してしまうと、教師が扱いたい内容に誘導してしまう可能性もあります。逆に、子どもたちの主体性に任せすぎると、話し合いが拡散し、空中戦になることもあります。あまり考えすぎると迷ってしまうので、教師が、子どもたちと同じ一対話者として、子どもたちから学ぶ姿勢をもち、その場の流れに身を任せ、対話を楽しむことも重要だと考えます。ただ、過去の「てつがく」の授業では、言葉の意味を明確にすること、発言の根拠や思いを確認すること、異なる視点や考えの意見を引き出すこと、話し合いの前提をそろえること、共通了解を探っていくこと、などは意識されているようです。このように、「てつがく」の授業が行われてきたためか、高学年では、話し合いが拡散しないように、自分たちで対話の前提を確認したり、話し合いを修正したりといった、子どもたちが対話を運営していく姿も見られてきました。

子どもたちが対話に向き合うためにはどうすればよいか

「てつがく」の授業では、普段から子どもたちが聴き合うような空間をつくっていく必要があります。新教科「てつがく」の目標に「他者との異なりを聴き合いながら、自明と思われる価値やことがらと向き合い、理性や感性を働かせて深く考え粘り強く問い続けたり、広く思いを巡らせ多様に考えたりすることを通して、―中略―」とありますが、子どもたちがこのように思考を続けるためには、自分の思ったことや感じたことを安心して語り、一人ひとりがそれを受けとめることができるようなお互いに聴き合う対話空間が重要です。しかし、子どもたちが変われば、手立ても変わり、お互いに聴き合う空間をつくるにはどうすればよいかなど、明確な答えなどありません。そこで、教師が対話の一人として、子どもと寄り添いながら、常に考え続けること、早急に答えを求めず他者との意見の異なりを楽しめるようにすること、発話者の意図を類推することを大切にしつつ、長いスパンでゆったりとてつがく対話を運用しながら、育んでいくことが必要だと考えます。

(岩坂　尚史)

教師が「てつがくする」ということ

▼

子どもから学ぶ

担任とは違う立場や専門性のある養護教諭である私だからこそできる「てつがく」があるのではないか?と思い、実践してきました。5年生を対象にした心肺蘇生法の講習では、それだけで完結させず、同じ経験をしたことをふまえて、子どもたちが問いを立て、「てつがく」対話を行いました。

「もし、倒れている人を助けられなかったら、罪になるの?」という、子どもの問い。その場に居合わせた人が行った善意の救命処置の結果、助からなくても法律的に罪にはならないと言います。正直なところ、すぐに答えが出てしまい、問うに値しない問いだと思っていました。しかし、医師や看護師、救急救命士、そして養護教諭といった、命を預かる職業の場合には罪になるのではという意見や、居合わせた人は罪にはならなくても、罪悪感が残るだろうし、もっとこうすればよかったと後悔するのではないか、など様々な意見が出て、回を重ねるごとに対話が深まっていきました。

松下は、「哲学で一番面白いのは自明なものが壊れていくところ」であると言います。まさに、私は、「てつがく」対話を通して、自明だと思い込んでいた自分の価値観が大きく揺さぶられることになったのです。子どもたちとともに、もしかしたら、子ども以上に「てつがく」できたのかもしれません。そして、子どもを信頼することの大切さや、子どもの可能性を改めて彼らから教わりました。

しかし、ときには子どもが立てた問いに揺さぶりをかけたり、小さな問いをすくい上げて、磨き上げたりする役割が教師にはあるとされています。そのためには、教師自身が日頃から「てつがく」し、自らも問いをもって、問い続ける必要があると思います。

教師同士の対話の時間を

行き詰まったときは、そもそも自分は子どもに何を伝え、獲得させたいのかを、立ち止まり原点に戻って考えると、何かが見えてくるように思います。しかし、一人で考え、「てつがく」し続けるのは、辛くなる場合もあるかもしれません。私は教師同士の語り合いの時間をもち、対話をしていくうちに、不安やモヤモヤを感じながら一人だけで歩いている長くて暗いトンネルに、パッと光が差し込み、出口がうっすらと見えてくるような感覚を覚えました。

出口が少し見えた、その瞬間が楽しくもあり、反対に、苦しくなったのも事実です。教師にもそれぞれの「てつがくする」ことがあり、多様な考えや思いがあって当然で、絶対の答えはありません。ですが、語り合うことで、自分自身を見つめて思い返したり、今まで気づいていなかったことに気づかされたりして、自分の教育観を自覚し何を大事にしたいのか、根っこの部分が見えてきたように思います。子どもたちにも、そして自分自身にも、蒔いた種から芽が出る日がいつか、きっとやってくることを信じて、日々、自らと向き合い、ときには自分自身の考えに対して批判的になりながら、これからも子どもたちとともに学んで行けたらいいなと思っています。

【引用・参考文献】
・多賀一郎・苫野一徳(2017)『問い続ける教師 教育の哲学×教師の哲学』学事出版
・松下良平(2018)、児童教育29「鑑識眼的評価と哲学的思考−評価の枠組みから教育を問い直す−」お茶の水女子大学附属小学校・NPO法人お茶の水児童教育研究会

(江部 紀美子)

第 2 章　新教科「てつがく」とは

子どもの「からだのことば」

　「てつがく」の時間では、子どもたちがサークルになり、さまざまな問いについて話します。教師は、話されたことをプロトコルにおこし、子どもたちにふり返りを書かせ、話されたことをふり返ります。私はこの過程に何かひっかかるものがあり、それが一体何なのかをずっと考えていました。そのことを図画工作部コメンテーターである佐伯胖先生にお話したところ、「文字・記号文化に偏った学校文化」、ローリス・マラグッツィの「百のことば」などのお話をいただき、私の「ひっかかり」がぼんやりと見えてきました。それがはっきりと見えたのは、当時担当していた 2 年生の授業においてでした。その授業では、私が 7 年前に実践した「居心地のよい教室デザイン」を再構成し、「居心地のよさ」について対話しました。対話が進んだところで、ある子が、「ねえ、みんな！　あのね、ぼくはね……」と語りはじめました。それまで飛び交っていた、実感の伴わない、誰に応えているのか分からない言葉とはまるで違う、「私」が語ることばに周囲は戸惑っているようでした。彼が絵を描いて説明しようとすると、数名の子どもたちが「いいよ絵に描かなくて！」と彼の腕を無理矢理引っぱり、制止しようとしました。私はその様子を見て、「絵が彼の『ことば』なんじゃないの？」と伝えました。描かれた彼の絵は、今までの文字の記録よりもはるかに伝えたい状況や周囲との関係などがよく分かるものでした。彼は、対象に「からだまるごと」でかかわり、感じたことをさまざまなことばに変換しながら、全身で「私」の声を他者に向けて発していました。

　このとき、私は、子どもの実感を伴わない、「私」のいないことばにひっかかっていたのだと分かりました。そして、子どものことばに注目したことで、ことばを発する子どもたちの「からだ」のこわばりに気がつきました。そのこわばりをなんとか柔らかくしたいと、子どものからだに着目した「住まいになってみる」などの新しい「てつがく」の授業を構想しました。また子どもを見とる教師のからだにも着眼し、反省会に陥りがちな授業の協議会を変えたいと、身体性を重視したワークショップを行い、教師自らが自分を劈き対話するということも試みました。

　今現在も、「自らを劈く」という事に対しての答えは見つかりませんが、異分野の方々と交流し、授業を構想する中で、今夏、ある一冊の本に出会いました。その本にある、筆者の身体をとらえた柔らかい言葉にふれ、筆者の実践に背中を押され、胸が熱くなりました。今後も、私自身のからだを劈き、子どもの劈かれたからだのことばをちゃんと感じたいと思います。

「弛緩と緊張」
どんどん力を抜いていく。
自分のこわばるからだに気付く。
（3 学年　2016）

「パンと魚の会」レッスン（1990 年 8 月琵琶湖合宿）『セレクション竹内敏晴の「からだと思想」3「出会う」ことと「生きる」』こと
p.354 - p.355 より

【引用文献】
・C. エドワーズ /L. ガンディーニ著　佐藤学 / 森眞理 / 塚田美紀訳（2001）『子どもたちの100の言葉—レッジョ・エミリアの幼児教育』世織書房
・竹内敏晴（2014）『セレクション・竹内敏晴の「からだと思想」（全 4 巻）3「出会う」ことと「生きる」こと』　藤原書店

（小沼　律子）

サークル対話のよさや留意点

▼

　サークル対話のよさは、子どもたちが「何でも話してよい」「何を訊いてもよい」という自由な空間の中で、興味のあることを語り、聴き合うことで、互いをよく知る機会を得ることです。そこでの子どもたちの興味から出発して、様々な学びに発展することもあります。このサークル対話から生まれる学びは、子どもたちにとって「自分たちが学習をつくっている」実感をもつことになり、主体性の育ちにつながります。そのためには、①教師が主導権をもたないこと、②子どもたちが安全・安心を感じる空間になるように気を配ること、③子どもたちの興味・関心をつかみ、学びの芽を見つけ、育てていくこと、が大切です。そうした日々の積み重ねを経て、対話的なサークルになっていきます。

　ここでは、低学年の朝のサークル対話の様子を少し紹介します。

　低学年の朝は、サークル対話から始まります。子どもたちは、学校に登校して支度を終えると、誰ともなくベンチをサークル状に並べ、思い思いの場所に座ります。後から来た子が座る場所を見つけられないと、座る場所を少しずらして、「ここ空いてるよ！」「おいでよ！」という声があがり、一つの輪ができあがり、サークル対話が始まります。

　サークル対話では、生活の中で発見したことや経験したことなど、みんなに伝えたいことがある子が一人ずつ話します。ここで大切なのは、教師が順番を決めて必ず何週間かに1回「話させる」のではなく、子どもが自ら話したいと思い、動き出すのを待つことです。すぐにできる子もいれば、半年かかる子もいます。大切なのは、そのときの担任だけで何とかしようと考えないことです。1年生で無理だったら2年生で、というように長い目で見てあげることです。

　さて、話を戻すと、一人の子が話し終わると、分からないことやもっと知りたいことを質問し、自分の思ったことや感じたことを率直に語り合い、聴き合います。1年生は、もっと知りたいことや分からないことへの質問が多いですが、2年生になると、聴き手は自身の経験と重ね合わせながら聴き、「自分にもこんなことがあったよ」という話がなされることもあります。

　このように、サークル対話では自分の思ったことや感じたことを素直に出し、それを受けとめることができる空間と関係性を大切にしています。私を受け入れてくれる場所があり、肌の触れ合うような距離感で語り合うことが、安心感をもつことにつながるのです。何でも語れることと安心感をもつことはサークル対話の両輪として大切なことで、同時に成長していくことでもあります。そして、サークル対話での教師の役割は、対話の場が子どもたちにとって安全・安心を感じることができる場になるように心を砕き、対話の中に表れる活動や学びの芽の広げる手助けをし、意味づけることです。

　サークル対話を通して、子どもたちが教室を安全・安心な場だと感じ、自由に自分の考えや問いを出すことができることが、"てつがくする"ためにもとても大切なことだと考えます。自由に自分の意見を出せるからこそ、多様な意見が行き交い、子どもたちの「てつがく」が深まるのです。サークルで「てつがく」に取り組む前に、まずは何でも語り合える「サークル対話」から始めてみるといいですね。

（本田　祐吾）

第2章　新教科「てつがく」とは

「てつがく対話」で話さない子どもの見方

▼

　本校の授業研究会で、よく話題になるのは、「サークルで話していない子どもは、本当に学んでいるのか」ということです。新教科「てつがく」に限らず、ほかの教科でも、同じような疑問が湧くことと思います。話さない子が学べているのか否かは、子どもの振り返り（自己評価）などの記述を読み解くことで分かります。新教科「てつがく」では、サークルなどの「対話」が注目されがちです。しかし、30名前後の子どもがいる教室では、全員が何回も考えを表明することは容易ではありません。ですから、子ども自身が、自分の学びを見つめ直し、考える時間を確保して、自己評価したノートやシートの「記述」を蓄積していくことが大切です。それを、教員が読み解いていくことによって、対話では話していない子どもが、学んでいるのか、いないのかが分かります。

　新教科「てつがく」の時間の多くは、子どもたちの対話によって進められています。子どもたちは対話の中で、他者の声を聞き、それに応答しながら、自分の考えを広げたり深めたりしていきます。ところが、対話中に、ほとんど話さない子どもがいます。では、サークル対話で話さない子どもは、学んでいないのでしょうか。齋藤元紀（2017）は、「発言している」「提案ができている」「質問ができている」点ばかりを評価すると、「全く発言しないがずっと考えていて思考が深まっている子どもの場合はどうなるのかが疑問です」と、新教科「てつがく」の授業において、発言をしないが思考を深めてる子どもの評価の在り方への疑問を明らかにしています。

　「てつがく」の学びは、むしろ、対話を終えてから独りで思考し、対話での友達の様々な発言を思い返しながら、自分の考えを「記述」する段階になってから表れることも多いのです。そこで、必ず「記述」する活動を授業で設けることで、発言しない子どもの学びをとらえられます。

　「記述」を読み解く重要な視点が二つあります。一つ目は、「他人の意見を聞いて、考えを深めること」などの〈対話への自分の参加の在り方〉です。"社会情動的スキル"などと言われる資質・能力で、「人と協力して成し遂げ、また見通しを立てて取り組むことに関わる」力と言われています。二点目は、考える対象とした価値やテーマについてどれだけ認識を深め、概念の探究ができたのかということを測る〈学習した価値・事柄への思考の変化や探究〉の視点です。二つの視点は密接に関連して切り離せません。また、子どもたちの「記述」は、教師による評価対象としてだけはなく、子どもが自分自身を振り返る自己評価の対象としての価値もあります。これらの二つの視点を設けることで、子どもたちは、自分が対話にどのように参加したか、そして、自分の思考の新しい広がりや深まりとどのように関連しているのか、自覚的に振り返る可能性が開かれてゆきます。

【引用・参考文献】
○齋藤元紀（2017）「哲学対話とその評価について」お茶の水女子大学附属小学校・NPO法人お茶の水児童教育研究会『児童教育』27号
○OECD、無藤隆・他監修（2018）『社会情動的スキル―学びに向かう力』明石書店
○お茶の水女子大学附属小学校・NPO法人お茶の水児童教育研究会「新教科『てつがく』評価部会」、『第80回　教育実際指導研究会　発表要項』、pp.62-65

（岡田　泰孝）

「てつがく」における子どもの変化と成長

▼

　新教科「てつがく」の学習に取り組んでから、子どもたちに見られた変化について、子どもたちは自分の変化を次のように答えています（2017 年度　子どものアンケートから）。

○最初の方は、自分の意見をいいたい一方で、友だちの意見なんてきかなかったけれど、やっていくにつれて、自分の考えだけでなく友だちのいけんまできき、そうすることでどんどん深まった。

○あたり前のことについて考えてみることにより、もしかしたらそれが間ちがっているかもしれないと身近なことにも不思ぎという気持ちをもてるようになりました。

　上に示された子どもたちの自己評価は、「『てつがく』の授業に取り組んできたことで、あなた自身の取り組みや考え方などについて、変わってきたことはありますか？」という問いに子どもたちが答えたものの一部です。子どもたちは、実によく自分たちの変化をメタ的にとらえています。

　教員も、子どもたちに他者の声に耳を傾ける姿勢が育ってきてると感じさせられます。また、子どもたちは互いの考えを聴き合い、話し合っている価値や概念について、多様に深く思考をめぐらしていくようになりました。高学年では、話し合っているとき、自他の感じ方のちょっとしたズレに敏感になって、それを明らかにしようとしたり、矛盾を指摘したり、納得できないことへ質問したりなど、子どもたちが自分で、自省し、質問し、反論し、議論を調節する姿も見られます。

　「てつがく」では、授業後も「問い続ける」姿勢も重視しています。子どもたちの中には、「てつがく」の学習の翌日、「絵便り」に「てつがく」のことを書いてくることがあります。絵便りは、本校の絵日記の名称です。ときには、教員が、その絵便りをコピーして学級に配布して、そこから、子どもたちが新たな問いをつくって、次の授業で、議論を発展させていく事例もありました。

　また、子どもたちの変化を、学級風土調査を用いてとらえました。この調査は「学級という場全体の動きが個人の行動に与える影響は大きく、結果としての積み重ねが学級風土を通して個々の成長に関わる」という社会文化的な文脈の中で、学級の特徴をとらえ、指導に生かしていく目的で用いられています。3 年次に 5・6 年生で調査したところ、概ね以下のような結果が得られました。

①子ども同士の自己開示が高まるところに、「てつがく対話」の効果が見られ、「自然な自己開示」全体では、数値は増加している。

②「てつがく対話」を継続することは、互いが話しやすく、素直に聴き合える学級の風土をつくり出すことに寄与している。

③「自然な自己開示」の変化が「学級内の不和」の低下や「学級への満足感」の向上など、そのほかの尺度の変化にも影響している可能性がある。

④全体的にマイナス傾向になりやすい 6 年生でも、増加や横ばいの数値が出たことから、てつがく対話が、子どもたちの関係づくりを支えていると言える。

　つまり、子ども同士の対話やサークルを行うことで、自分を表現しやすく、また聴き合える学級になっていくこと、学級への満足感も高まることなどが明らかになってきたのです。

【引用・参考文献】

伊藤亜矢子・松井仁（2001）「学級風土質問紙の作成」『教育心理学研究』47 巻　　　　　　　　（岡田　泰孝）

第3章

新教科
「てつがく」の実践

1年生

たいりつとけんか
―じぶんたちでたいりつをかいけつしよう―

1 ▶ 問題意識と授業の構想

(1) 授業者の問題意識と子どもたちの実態

　入学して、半年を迎えた子どもたち。一人ひとりの違いはあるが、段々と小学校生活になじんできた頃である。入学して間もない頃は、新たな環境に参加することに胸躍らせ、果敢に友達に話しかけたり活動に参加したりする子もいれば、なかなかなじめずに教室に入ることが困難な子もいた。学びへの参加の仕方も様々で、一人で黙々と活動することが好きな子もいれば、自分の話をみんなに聞いてほしくてたくさん話す子もいる。このように、多様な環境で育ってきた異質な他者が集う場では、互いにしたいことが重なったり違いが生じたりして衝突したり困ったりすることは当然である。実際に生活の中で、ある二人が使いたい物が重なり、対立がけんかに発展したり、周囲のことを考えずに行動した子がいたために、別の子が我慢しなければならず泣いてしまったりすることが度々あった。

　授業者としては、子どもたち一人ひとりが、異質な他者とのかかわりの中で、互いの違いを知ること、他者の声に耳を傾けて聴くことで、私にとってもあなたにとっても安心・安全に過ごせる空間をつくっていけると考えていた。入学当初から、朝のサークル対話を中心として、他者の声を聴く取り組みを継続してきたことで、聴く身体は育ってきているという実感があった。しかし、互いを尊重し合い、よりよい関係を築いていくためには、生活の中で起こる対立をけんかに発展させることなく、自分たちで問題を解決することができるようになることが求められると感じていた。

(2) 授業の構想―実践の意図―

　そこで、授業者は、子どもたちが「対立を自分たちで解決する」ことができるようになることを目指して、対立とけんかを題材として、以下のようなことを学ぶ授業を構想した。
・みんな違うからこそ対立が起こるのは当然であるということ。対立は、当たり前に起こるのであって、対立することが悪いのではないということが分かると、対立したときにどう対処するかが問題であることに目が向くと考えた。
・対立とけんかは違うということを知ること。対立は、互いがしたいことが重なることで、けんかはどちらかを排除しようとしたり争ったりしてしまうこと。対立とけんかを明確に区別することで、けんかに発展しないようにするためにどうしたらよいかを考えることにつながると考えた。
・どちらかが自分の主張を押し通したり、その反対にどちらかがもう一方の主張を全面的に受け入れたりするような関係では、互いにとって望ましい解決とはならないということ。そして、互いがある程度満足できるような解決に至るには、互いの主張を大切にしながらも、話し合いで解決することが大切であるということ。互いの主張が違うのであるから、望ましい解決をするために

第3章　新教科「てつがく」の実践

は、まずは互いの考えや思いを聴くことが重要であると考える。感情に任せて主張したり我慢したりすることなく、考えを聴くことで落ち着いて問題に向き合うことで、どうしたら互いが満足するかを話し合うことができるのではないだろうかと考えた。

　これらを学ぶために、本授業では、オランダのピースフルスクールプログラムを参考にして、上記のことを意図した問題状況を設定し、問題が何か、問題を解決するためにはどうしたらよいか、といったことを話し合うことを試みた。話し合いながら自分たちの生活と重ね合わせ、日常に生かしていけたらと願っている。

2 ▶ 授業の概略

(1) 目標（育てたい資質・能力）

・自分と他者との違いを知り、違いを知ることにおもしろさを感じたり互いが共生していくことを目指して聴いたりする身体を育てる。
・対立をけんかに発展させることなく、落ち着いて話し合いで解決しようとする態度を涵養する。

(2) 学びの履歴（全4時間）

時	○学習活動	◇子どもの反応・振り返り／☆教師の手だてや思い
1	○人形劇をきっかけに、対立とけんかの違いについて考え、対立は悪いことではないことを知る。 ＊人形劇は、ライオンとゾウが、子どもたちにどちらが先に質問をするかでけんかになってしまう、というものを教師が提示した。	◇ライオン君とゾウ君はいつも互いにゆずらないからけんかになっちゃう。 ◇けんかしちゃうからゆずり合えばいい。 ◇お互いに言いすぎちゃったからけんかになった。 ◇（自分たちの経験として）友達同士で最初は優しくゆずり合ったのに、だんだん誰かが言い過ぎてけんかになった。 ☆自分たちで解決できたらいいね、と振り返った。
2 【本時】	○前時の続き。自分たちが対立しているときにどう対応しているかを振り返ったり、よりよい解決方法について考えたりする。	「3　授業の実際」を参照。
3	○前時を受けて「譲ること」「譲り合うこと」の意味や解決の仕方について考える。	◇ゆずるというのは、どうぞってすること。 ◇ゆずり合うというのはお互いにどうぞってすることだけど、ゆずるというときは優しい気持ちで言わないといけない。 ◇ただゆずるだけではなくて、自分の気持ちも伝えないと（ゆずることの意味が）伝わらない。
4	○対立の解決方法を三色の帽子に置き換えて、具体的な事例について考える。	☆以下のメタファーを使って対立したときどう解決したらよいかを考えた。 赤：自分の思いを通そうとする 黄：話し合いで解決する 青：相手に合わせてあきらめる

39

3 授業の実際

(1) 本時のねらい

　対立とけんかの違いを前提として、自分たちが対立しているときにどのように対応しているかを振り返り、その意味について考える。

(2) 授業の導入として－学習に向かう身体をつくるアクティビティーに取り組む

　「みがく」の時間では、授業の具体的な内容に入る前に、学習に向かう身体をつくるために、身体を使った短いアクティビティーに取り組んでいる。身体で、異質な他者とかかわることは、相手のことを知る上で大切な活動である。言葉で表すことができなくても、触れ合うことで、身体で分かっていくことが増えていけばよいと考えた。本時では、自分との違いや共通点など、相手を知ることを目的に、「こんな子探し」と題したアクティビティーをした。実際に行ったのは、以下の二つである。

　①手の大きさが同じ（くらいの）友達を探す。
　②ペアで、背中合わせになって立ち、どちらかが歩いているのに合わせて背中を離さずに歩く。

(3) 人形劇をきっかけに、サークルになって話し合う

　前時と同様に、導入として、パペットを用いた人形劇をした。これまでも、人形劇を用いてきたが、子どもたちは、絵本のお話の世界にのめり込むかのごとく、パペットの置かれている状況に入り込み、パペットたちに対して、自分の思いをあらわにする様子が見られていた。子どもたちにとっては、自分たちの直接の生活体験でなく、少し離れた世界での、全員で共有された問題状況の方が、話しやすいようである。

　本時でも、前時の続きとして、導入で人形劇を行い、話し合いに入っていった。子どもたちは、自分の経験を頼りに、ライオンとゾウの対立を解消するためのアイデアを出し合っていく。

①人形劇での対立場面から自分たちの日常へ

教師（以下、**T**）：今日は雨もやんだね。校庭でもあそべそうだね。これからお散歩に出かけます！
ライオン（以下、**ラ**）＆**ゾウ**（以下、**ゾ**）：やったー！
T：お支度をして準備ができた人から並んでくださいね。みんなも支度してよ。
（子どもたち、身支度のまねをし始める）
T：みんな、おわった？
ラ＆ゾ：ぼくが一番！（と同時に言う）
C1：あ！　けんかだ！
C2：対立。

〈教師の視点〉

① 子どもたちが列に並ぶときに、実際に起きたことを人形劇にして対立場面を示した。自分たちの生活と近い事象の方が、自分の経験と結びつけて考えられるだろうと推察したからである。

第3章　新教科「てつがく」の実践

ゾ：いや、ぼくが一番！

C3：対立！　ぼくが一番の対立！

C1：ゆずれないんだよ。あー、けんかになっちゃう。

ラ＆ゾ：みんなぼくたち一番に来たと思うんだけど。

C4：同時だったよね。

C5：同時だと思う。

C3：ゆずった方がいい。③

C1：ゆずれないんだってば。

T：どうすればいいと思う？

C6：二列になればいいんじゃない？

C7：おんなじにいったから、ゾウくんとライオンくんは、ふたりペアでいっしょに歩く。

ラ＆ゾ：先生は一列といったよ。

C8：ぼくもそういうことがあったんだけど、そういうときに、ぼくは、一日のことだから、今日はゆずってあげようと思ってゆずるんだけど、ライオンくんたちは、それ④ができてないからむりだと思うんだけど。もう一個パターンがあって、これだったらできると思うんだけど、これはおかしいんだけど、もう一回スローでやって、どちらが先に来たかやったらいい。

C9：私はC8みたいに、体育のときにともだちと対立しちゃって、「なにやるんですか」ってきいてたら、先生にならんでくださいっていわれたから、ならんだのね。そのときにともだちがよこはいりしてきて、私が一番最初だったんだけど。そこに友達がちょっと入ってきたから、「私が先だったんだよ」っていって……。

C1：それでまたけんかになった？

C9：それで「ぼくが先だったよ」ってなっちゃって、じゃあいいよとゆずったんだけど。そういうふうに**ゆずり合っ**⑤**て**いけばいいとおもう。

C10：きょうの、ようちえんのときといっしょなんだけど、ようちえんのときに、おさんぽしますっていって、そのときに、自分の話じゃないんだけど、おともだちがね、ぼくがさき、わたしがさきってなっちゃって、先生が、とちゅうでこうかんこしたらいいんじゃないっ⑥ていっていたからそれがいいと思う。

② 子どもたちは、前時で「対立」という言葉を示すまで、「対立」が「けんか」ではないことは分かっていても、「対立」という言葉を使うことはなかった。前時で対立という概念を共有できたことで、「けんか」との違いを明確にすることができ、けんかにならないように、とパペットたちにかかわる姿がみられていた。

③ 前時から少しずつ、「譲る」という解決方法が子どもたちから出されていた。しかし、授業者は、どちらかが譲る（我慢する）ことが最善の解決方法なのかを考えてほしかった。それが、後の「ゆずればいいの？」という発言につながっていく。

④ この時期になると、C8児のように、自分の経験にもとづいてどうしたら解決できるかを考える子が増えてきた。その経験を他者と行き交わすことが、新たな考えを生み出す上で大切な営みだと感じた。

⑤ C9児も「譲る」と「譲り合う」を使い分けている。自然に使っているのだろうか。

⑥ C10児のように、解決策として両者が納得する方法を考えだすことができる子もいる。この子の言うような具体策を「それってほかの場合だと？」「そういう方法ってなんて言えばいいのだろう」と一段あげて一般化させることが難しい。このタイミングでそうする必要はないかもしれないが……。

②譲ることで解決するの？

C5：ライオンくんとゾウくんはいつもゆずり合いがない。前はゆずり合ってけんかになっちゃった。**ほとんどゆずり**

41

　　　　すぎとかゆずり合いをしてないとかでけんかになって
　　　　る。前までけんかにもなっていないけど、いいよいいよ
　　　　となって、ズルズルになる。
T：なんでゆずり合えない？
C5：ライオンくんとゾウくんは強いというか、気持ちが、
　　　こっちが先こっちが先だって強く思っているから、変
　　　えられないというか、でもそれでもあとでいいよいい
　　　よってなったじゃん。そこでまたけんかになるのは、**ゆ
　　　ずり合える力がちょっとしかない。**
T：ゆずり合いという言葉が出てますが、**ゆずればいいの？**
C4：ゆずればいいってことではない。
C1：それだけじゃない。
C3：ゆずるのはいいのだけど、私だって弟にすわっていいよっ
　　　ていうんだけど、弟は、すごいつかれてるときにがまん
　　　しているって言っているから、いいよいいよって、C4が
　　　いったように、**ゆずりあいすぎっていうか、人がゆずっ
　　　たから、ありがとうっていって感謝の気持ちを言って、
　　　わたしもゆずりたくなっちゃうんだけど、**ありがとうも
　　　いいたいけど、私も本当は弟がつかれて、すごい気持ち
　　　が分かってすわらせたいんだけど、でもいい、いいって
　　　いってるから、**ゆずり合いすぎちゃうと……**学校でもす
　　　わっていいよって言われることがあって、それで、**申し
　　　訳ないなって思っちゃってゆずっちゃうときがある。**
T：ほかの人もゆずるってことについてどう思う？
C11：家であったことなんだけど、妹とあそんでて、ぼくが
　　　　使ってたのを妹が使いたそうだったからかしたんだけ
　　　　ど、「にーに使ってたからいいよ」って言いすぎて、そ
　　　　れでけんかになったんだけど、**言いすぎもだめだし、
　　　　何も言わないこともダメだし、**二回くらい言われたら
　　　　分かったって言って使うってした方がよかった。
C12：私もチアのときに、輪になって「ワンツースリーブレ
　　　　イク」でたたくんだけど、(何人かのともだちが) その
　　　　ときに、私ととなりがいいって言って、みんながあつ
　　　　まってきちゃって、けっきょく押し合って……こんど
　　　　はゆずってあげるよって言ったんだけど、**二人はまた
　　　　ゆずりあいすぎちゃって、**明日は私が、明日は私がっ
　　　　て。次に会ったときは、いなくなって、もう一人の一
　　　　年生と手をつないだら、また同じことがくり返されて
　　　　次々になっちゃった。ライオンくんとゾウくんと同じ
　　　　ようにゆずったらゆずったほどけんかになるから、た

⑦授業者も子どもが使っている言葉に合わせて「譲り合い」という言葉を使っている。しかし、この時点で、「譲る」と「譲り合う」という言葉の意味の違いに気づいていない。
「譲る」はどちらか片方の行為である。しかし、「譲り合う」は両者が相手に配慮しているというようであると考えられる。換言すれば、「譲り合う」ことで、互いに解決への道を探っているとも言える。だとすると、「譲り合う」ことで、解決の道を探っているのだという主張に対して、授業者は「譲る」という言葉で応答してしまったがために、その意味の違いによって混乱を招いてしまったといえよう。
C3児は、「譲る」と「譲り合う」の違いをきちんと使い分けている。そして、「譲り合いすぎ」という言葉を出して、過剰になると相手への押しつけとなってしまい、またけんかの種になるということまで示唆している。授業者はこのとき、それを理解することができていなかった。

第3章　新教科「てつがく」の実践

2 ▶ 授業の概略

(1) 目標（育てたい資質・能力）

○提示された人形劇に対して、自分の意見をもち、考えを広げることができる。
○他者の意見を聴き、受け止め楽しみながら対話に参加することができる。

(2) 学びの履歴（全6時間）

時	○学習活動	◇子どもの反応・振り返り／☆教師の手だてや思い
1	○人形劇を受けて感想を出し合う。 ・使った道具はどうすべきだったのだろう。 ・なぜ、「ひとしごと」を行っているんだろう。	「3　授業の実際」を参照 ◇片付けている間にバスが行っちゃうんじゃない？ ◇ライオンに任せない方がよかった。 ◇みんなが気持ちよくなるため。
2	○前回話題になった、役割を決めて片付けるべきか意見を出し合う。 ・役割を決めて片付けた方がいいのか、なんとなく片付けた方がいいのか、どちらがよいのだろう。	◇全員で何か片付けた方がいい。 ◇みんなで協力して片付けた方がいい。 ◇役割を決めたら、早くおわる。 ◇何か一つ残っていたら、誰が片付けるかでけんかになる。
3	○前時で話題になった、片付けの方法について意見を出し合う。 ・みんなでなんとなく片付けることのよいところはなんだろう。	◇なんとなくだとちゃんと片付けができない。 ◇片付けをサボる人が出てくる。 ◇時間がかからないし、けんかにもならない。 ◇逆に、けんかになると思う。
4	○みんなでなんとなく片付けることと、役割を決めて片付けることの違いについて様々な基準から考える。	☆時間がかかるのはどちらか、けんかになりやすいのはどちらか、どちらが平等か、助け合えるのはどちらか、お互いを信用しているのはどちらか、きっちり片付けることができるのはどちらかなどが話題となった。
5	○それぞれのファミリーで、給食の片付けはどうやっているか意見を出し合う。 ・どうして、気づいた人がやらないのだろう。	◇じゃんけんで決めている。 ◇曜日ごとに分担を決めている。 ◇役割を決めて一気に片付けると楽だから。
6	○（分担や、じゃんけんを含め）役割を決めて片付ける方法と、決めないでなんとなく片付ける方法とどちらがよいか考える。 ・どうして譲り合って片付けをしないのだろう。	◇片付けない人が出てくるから、決めた方がいい。 ◇ちゃんと片付けができていればどちらでもいい。 ◇譲り合いで決めればいい。 ◇やっぱりけんかになるし、片付けるのはめんどくさい。

45

3 ▶ 授業の実際

(1) 人形劇をもとに考え、意見を出し合う

子どもたちには、以下のような人形劇を提示した。

校外学習に行ったときの話です。
先生：ファミリーでお弁当を食べたら、遊んでいいですよ。そこには、ボール、バット、グロー
ブ、サッカーボール、カラーコーンなど、いろんな道具がありますが、自由に使ってよ
いですよ。ただし、ちゃんと片付けてくださいね。
ライオン：お弁当も食べたし、遊ぼうよ！
ウサギ：うん！　バットやグローブ、ボールやベースがあるから、この道具を使って野球をや
ろうよ！
クマ：いいねぇ！　やろうやろう！
パンダ：わたしも野球が大好きだからいいよ！
先生：では、道具を片付けて集合しましょう。
ライオン：いいよ、いいよ。ぼくの「ひとしごと」だから、一人で片付けるよ。
全：ありがとう、じゃあね！
全：あっ、こんなところにサッカーボールが落ちている……。

本題材の意図は、子どもたちが日常的に行っている「みんなのためのひとしごと」について考え
直すということである。そのため、人形劇を見て、類推して考えることができるように、授業者が
オリジナルの台本を考えた。この台本では、ライオンが、自分たちの使った道具を「ひとしごと」
として片付けている。係ではなくともサッカーボールくらいは「ひとしごと」として片付けた方が
いいと子どもたちは思うのではないかと考えた。

(2) 学習活動の実際

人形劇の解釈のズレ―第 1 時 1 ―

T：劇の続きはどうなったかという話になっているけど、今の
　状況で何か言えることある？①
C1：誰かがサッカーボールを自分で拾って、ライオンさんは
　　今片付けているから、片付けてこようって。
T：みなさんはサッカーボールを見て、片付ける？
C2：でも、置いて行かれる、かもよ。
C3：ウサギさんとクマさんとパンダさんは、ライオンさんに
　　全部任せないで、自分で片付けてあげるといい。
T：この三人が野球やったのを片付けた方がいいと思うと。な
　んでそう思う？②
C3：そんなものは自分で片付ける。

〈教師の視点〉

① この劇を受けて、子どもたちの考えを出し合うことから、「ひとしごと」についてどう思うかを考えようとした。

② 授業者の意に反して、みんなのための「ひとしごと」を行うというよりも、自分たちで片付けるべきという話題や、片付けている間に校外学習のバスが出発するのではないかとの話題にもなり、子どもたちと授業者の思いにギャップが生じている。

第 3 章　新教科「てつがく」の実践

T：まあな、まあな、野球をやってたもんな。

授業者も子どもたちの対話に参加する—第 1 時 ②—

T：片付けはめんどくさいのか。片付けなくてもいいよって言わ
　　れたら、片付けない、ということに対して意見を言える人？③

C4：片付けなくていいよと言われても、自分で使ったものは
　　自分で片付けないと。

T：自分で使ったものは片付けると。

C5：なんかめんどくさいけど手伝ってあげる。

T：めんどくさい？　やっぱ片付けはめんどくさいんだ？

C6：（ウサギさんたちは）ピューと行かないで……。

T：行っちゃったんだよね。みんなは、この人たちはめんどく
　　さいから行っちゃったと思っている？

C6：その前にさぁ、ピューーっと行かないで、ライオンさんに
　　ぼくたちも片付けるよーって言って一緒に片付ける。

T：これが一番だったの？　そらそうか。みんなで片付ければ
　　よかった。

C7：みんなでバットとかそれを使ったんだから協力して片付
　　けた方がいい。

T：C6 さんが言ったようにみんなで片付けようよって言えば
　　よかった。

C8：でも、ライオンさんは、ぼくが片付けるからいいよって
　　言ったんだから、別に行ってもいいと思う。

T：その人に任せてもいい。お言葉に甘えます、と。

③
ここからの場面は、子どもたち
で対話をつなぐというより、T
とCのやりとりが続いている。
自身の授業を振り返ってみる
と、過去の自分は、子どもたち
を誘導してしまうこと、教員が
どうしても話しすぎてしまうと
いうことを、悩みとして抱えて
いた。だからこそ、教員の介入
の仕方はどうあるべきかを考え
ていた。
このような経緯もあって、今ま
では、できるだけ、教員が発言
することは避け、子どもたちの
発言機会を増やし、子どもたち
の手で、授業をつくっていって
ほしいという気持ちで臨んでい
た。
しかし、今回の授業では、授業
デザイン通り、子どもたちがよ
り聴き合うためには、できるだ
け多く相づちを打ちながら楽し
む姿を見せるようにした。聴い
ていないと感じたときは、全体
に聞こえるように繰り返すなど
している。

平等という概念をどう扱うか—第 1 時 ③—

T：例えば、この人はグローブ、この人はボールとか、最初か
　　ら片付ける人を決めてたらよかったんだ。野球やろうぜ、
　　野球やるから、あなたボールね、あなたベースね、みたい
　　な感じで。役割を決めた方がいいタイプの人？　なんで役
　　割決めるの？　どうして？

C9：一人だけ、いやな思いをしてたらさぁ……。

T：一人だけいやな思いをするから、みんなでやるってこと。
　　ちょっとまって、片付けするっていやな思いをするの？
　　いやな思いをするために一人で片付けるの？　じゃあ、な
　　んで片付けるの？

C：みんなのために片付けるの。

T：みんなのためを思って、片付けたんだ。ほう。なるほど
　　なぁ。みんなのために片付けるんだ。役割を決めるってい

47

うのはみんなのためにならないの？

C10：なる。平等になるから。

T：平等？

C11：平等って何？　はい、質問。平等って何？

T：一個一個片付ける（のか）。でも、ライオンが四つ片付けてるからこの人が大変ってこと？

④ 「なんのために」と聞いたとき、平等という価値が出てきたのは驚いた。取り上げて深めていくのもよいと思ったが、「平等って何？」と問い直した子は、難しい言葉が出たときには、その意味を知りたいかはともかく、揚げ足をとるような子なので、平等について本当に深く掘り下げたいわけではないのではないかと思い、あえて取り上げなかった。

役割分担か、なんとなく片付けるか—第2時①—

C12：役割分担の方がいいと思う。掃除とかみんなが「ひとしごと」ができるから。

C11：そうなったらみんな計画表におんなじこと書いちゃうじゃない。

C13：でもみんなさ、片付けるものが違うからさ。ボールの片付けとか、バットの片付けとか。

T：このままだとライオンさんしか「ひとしごと」ができない？　全員が「ひとしごと」ができない？

C14：私は何か、バットとか片付けるとかを決める方じゃなくて、みんなで片付けたらいいと思う。例えばライオンさんだったら、遠足で遊ぶ道具が図書館みたいに題名とかが「カ」とかで始まるように分けてあったら、この道具どこだっけって言ったら、ここだよーって力合わせて片付ける。

⑤ 前時を受けて、ライオンが一人で片付けた方がよいのか、四人で手分けをして片付けをした方がよいのかと話題にした。すると、みんなで分担して、片付けた方がよいという意見が出た。

⑥ 役割を決めてやるといった意見が多かった中で、みんなで協力して片付ければいいという意見が出て、片付けの方法は、「役割分担」か「なんとなく」かという話題に移っていった。

それぞれの片付け方法のメリットは？—第2時②—

C3：役割分担した方がいいと思います。自分で使ったものは自分で片付けないと野球とかやる資格がない。

T：でもみんなで片付けると言ってんじゃん。

C3：役割分担決めてから片付ける。みんなで片付けたら、これ片付けるのがいやいやってなるかもしれない。全員これがやだ、これはやだとなったら……。

C7：時間が経って遊べなくなる。

T：時間がもったいない。片付ける時間がなくなるかもしれない。

C15：だからみんなで全部持って、最初はボールのところに行って片付けて、またバットのところに片付けて。

T：みんなでなんとなく置いたらそれでいいんじゃないの？　役割分担しなくてもみんなで片付けたらいいんじゃないの。

C3：だけどさぁ、もしも、全員がまだ、三つ残って、あとの

⑦ 対話を続けていく中で、役割分担して片付けをするとどんないいことや悪いことがあるかという視点で話題が出てきた。ここでは、時間がかかるかかからないかが話題になっているが、今後、さぼりにくいのはどちらかということや、きっちり片付けることができるのはどちらかという視点で考えることにつながっていく。

⑧ 第1時で出た、どちらが平等なのかという話題にもなっていった。結果論ではあるが、片付けには平等という概念が潜んでおり、焦らず第1時で取り上げ

48

第3章　新教科「てつがく」の実践

一人だけ片付けたくないって言って、一人だけやんなかったら、もめるじゃん。⑨

なくてもよかったと言える。

⑨ けんかになるという視点で発言している。新たな考える視点が出た。

4 ▶ 実践を振り返って

(1) 子どもたちの学び

　人形劇の提示を受けて、子どもたちは思いを語り合っていた。そして、対話を重ねることを通して、自分自身がどのようなことにこだわっているか、無意識的にではあるが表出されてきた。例えば、「めんどくさい片付けを自分だけしていたら、ずるい。だから、きっちり役割分担を決めて、みんなで片付けを行うべきだ」というようなことは、平等という価値観を大切にしているからこその発言である。また、時間を大切にし、素早く片付けを終わらせるために役割分担を行うと語る子もいた。一方、時間を大切にするからこそ、気づいた人から片付けを行えばよいと語る子もいた。このような話し合いが、「けんか」という視点でも語られていった。この授業で、自分が大切にしていることは何か、他者が大切にしていることは何かを聴き合うことで、他者の考えを認めることにつながったと同時に、自身の考える視点が増えるきっかけにもなっている。

　自分たちのものは自分たちで片付けることを終始主張していたC3児は、「なんとなく片付けると、時間は早いけど、さぼる人がいるかもしれないから、きっちり（役割を）決めた方がいい。自分で遊んだものは自分たちで片付けないといけない」と単元終末の振り返りに書いている。自分のこだわりは何かが改めて顕在化されたとともに、他者の考えを聞くことを通して、時間短縮という、新たな視点を加えて考えることができている。

　C9児は、「はじめは、みんなを信用していなかったけど、話し合いが終わったら、ちょっとだけみんなを信用できるようになってきた。少しだけ気持ちが変わった」と書いている。サボってしまう気持ちはどうしてもあることは仕方がない。でも、個々の思いを聴き合うことを通して、自分と似た考えの人もいることに気づき、信用してみようという思いにつながったのではないだろうか。

(2) 実践の課題と今後の展望

　この単元は、3時間の計画だったが、最終的には6時間かけた。話し合いは、片付けは「ひとしごと」としてやるべきなのか、役割を決めて片付けるべきなのかという話題に収斂されていったのだが、この6時間を振り返ると、教員と子どもたち35人の「ひとしごと」に対する思いのズレを埋めるための話し合いが中心であった。人形劇を提示した際に、考えるべきことが焦点化されていれば、ここまで時間をとることがなかったであろう。その原因を考えたとき、授業者は「ひとしごと」について、提示した人形劇から子どもはこう考えるだろうと教師中心の思考になってしまっていたことにある。新たな気持ちで子どもたちがどう思うかという目線から見つめ直すことができれば、もっと多様な想定ができたかもしれない。

（岩坂　尚史）

3年生

おとなってなんだろう

価値内容：自己、他者

1 問題意識と授業の構想

(1) 授業者の問題意識と子どもたちの実態

　私が大事にしたいことは、3年生が「てつがく」の授業の始まりであることをふまえ、
○身近な日常の中にある？(はてな)に気づき、素通りしないで立ち止まること、
○友達の考えを聴いて楽しみ、「それってどういうこと？」と問いを生み出すこと、である。

　子どもたちは、低学年で身につけた、サークルになってお互いの顔を見合いながら、体を寄せ合って様々な考えを行き交わせることが自然な形でできている。サークルで話し合う中からテーマになる言葉や事柄を拾い上げて、「てつがく」のサークル対話に進めたい。また、対話の中でひっかかりをもって聴けるようにしたい。子どもたちにとって"安心の場"であるサークルで、子どもたちがじっくり考える対話空間をつくりたいと思う。

(2) 授業の構想—実践の意図—

①学級会的な内容から少し抽象的なことへ

　1学期は、「席がえってなぜするの？」「けんかはしない方がいいの？」など、身近なことから、子どもたちが「どうしたらいいだろう」と悩んでいることを取り上げた。話し合ううちに、「友達って何だろう？」という問いをもった。そこで、2学期は少し抽象的なテーマに取り組みたいと考えた。

②創造活動「学校宿泊」で成長を意識したこと

　9月末に、「できるだけ自分たちの力でやってみよう」というめあてで行った学校宿泊。みんなで共通して体験したことを振り返ったとき、お互いに少し成長した自分を意識し始めていた。そんな折に、縦割り活動として、「たてわりてつがく」が行われた。その後の振り返りで、「6年生が下の学年のことを気遣いながら話し合いを進めていてすごいと思った」「6年生は大人だと思った」という意見が出た。「小学生だけれど大人って言えるよね」という声が上がり、「みんなが言っている大人ってどういうことだろう？」という問いが生まれ、それをテーマとした。

③「大人」についてのイメージを広げる

　まずは、一人ひとりがもっている「大人」のイメージマップを書いてみることにした。それを、グループで交流し、イメージの似ているところや違っているところを話し合い、自分のイメージをさらに広げた。

第3章　新教科「てつがく」の実践

2 ▶ 授業の概略

(1) 目標（育てたい資質・能力）

・身近な経験を根拠として、「大人とはどういうものか」を考えて、自分なりの大人像を思い描く。

　3年生の「てつがく」の授業で大切にしたいことは、話し合っている内容についてのイメージを自分で思い描けること、そして自分の考えをもつこと、だと考える。まずは、自分の身近な経験や体験をもとにいろいろな想像をめぐらし、大体のイメージを描くことがみんなで話し合うときの土台になると考えている。

・てつがく対話を通して、他者の考えを楽しんで聴き、新たな問いを見つける。

　自分の考えをもってサークル対話の中で話を聞くと、友達の考えの同じところ、違うところが見えてきて、自分の考えをほかの考えとくらべて聞くようになる。一つの結論を出すことを目標とせず、話し合い自体を楽しみ、自分のイメージや考えを広げていけるようにしたい。

(2) 学びの履歴（全5時間）

時	○学習活動	◇子どもの反応・振り返り／☆教師の手だてや思い
1	「大人って何？」 ○「大人」から連想する事柄や言葉などをイメージマップに書いてみて、自分のもっている「大人」のイメージを広げる。	◇イメージマップから…体の大きさ、20才、自分で何でもできる、経験豊富、物知り、頭がいい、態度がちゃんとしている、大人料金、働いている。 ☆「内面の方が大事かもしれない……」と気づく子も。
2	「大人のしょうこを見つけよう」 ○大人をイメージする言葉を出し合い、共有し、みんなで考えていく問いをしぼる。 ・「大人って、たくましい？」	◇年齢、20才（成人式）を過ぎた人。 ◇働いている、社会につながっている。 ◇物知りで、経験豊富　◇子どもを育てる。 ☆態度や中身がちゃんとしているという意見が多い。
3	「たくましいってどういうこと？」 ・たくましい人は体は強い。見た目が強そう。 ・「たくましい」というのは「体も心も強いの？」 ・マッチョな人、でも心も強くないとたくましくない……。	◇自分を犠牲にしても、大切な人を守り抜く。 ◇力が強く、何事にも耐えられる。 ◇くじけない。 ◇相手のために何かしてあげたり、励ましたりできる。 ◇優しくてみんなの役に立つ人。◇心が広い。
4 【本時】	「心が強いってどういうこと？」 ①「大人はたくましい人」と言える。 ②「たくましい人は心が強い」と言える。この二つは共通了解と考える。	「3　授業の実際」を参照。 ◇たくましい人というのは、人を助けられる人。つまり大人のイメージが、たくましいヒーロー像や大人の理想像になっていった。⇒問い方はどうだったのだろうか。
5	「3年3組のたくましいってどういう意味？」 ○自分が考える「たくましい」の意味を図で表し、交流し共有する。 ○「たくましい」を定義する。	◇「たくましい」を以下のように定義した。 〔意味〕心も体も強いこと。また、力があるかないかではなく、大事なときに力を出せること。努力して挑戦すること。今までより成長すること。

51

3 授業の実際

(1) 実際の授業の概略

　前時で話し合った「たくましいってどういうこと？」では、①「大人はたくましい人」、②「たくましい人は心が強い」の二つが共通に了解された。そこで、本時は、「心が強い人（たくましい）」について多様な考えを出し合って、感じ方の違いに気づき、話し合うことを楽しみたいと考えた。「力が強い」ことは、自分の体験から思いつきやすいが、「心が強い」ことは目には見えないことなので、なかなか想像しにくい。身近なちょっとした出来事を振り返り、それを手がかりに、目には見えない心の強さに迫りたいと考えた。

(2) 学習活動

① 大人から連想する事柄や言葉をイメージマップに書く

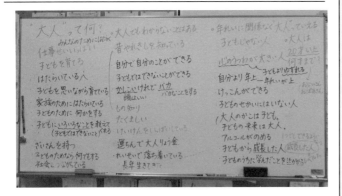

〈教師の視点〉

① 大人のイメージを全員が発表。みんなで共有。出てきた問いを子どもたちと考えようという意図。

たくさんのイメージが出され、教師は、見た目は緑、公共的な面は青、その他は黒でホワイトボードに書いた。

子どもの発言から、「こころ」に関するものは赤線を引いた。

② 「大人のしょうこ」を見つけよう！

　全員が発表した大人のイメージを読んで話し合いながら、分類を試みる。

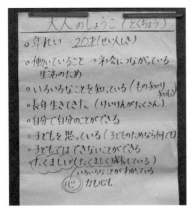

② たくさんの言葉が並んだため、どう分類していいのか子どもが迷っていたので、「大人の証拠になる言葉を出してみよう」と投げかけた。

③ 行動面も含めた大人とは？
年齢。物知り。頭がいい。経験豊富。働いている。社会につながっている。自分のことが自分でできる。
＊少しずつ理想像が見えてきている。

いつも子どもを思っている。子どもにはできないことができる。たくましく成長している。いろいろなことが分かっている。たくましい。……力も心も。

　大人の証拠として出された言葉は、見た目上のものとこころの中のものに分けられることに気づく。

＊□の中は、内面と教師はとらえた。

第3章 新教科「てつがく」の実践

（「たくましい」とはどういうこと？という問いを考える。）

⸺⸺⸺⸺⸺⸺⸺⸺⸺⸺⸺⸺⸺⸺⸺⸺⸺⸺⸺⸺⸺⸺⸺⸺⸺⸺

③「たくましい」ってどういうこと？④

C1：勇気があること。

C2：何度でも立ち上がる。

C3：心が強い。

C4：何事にも逃げないこと。

C5：いやなことでもあきらめない。

C6：心が優しいってこと。⑤

C7：少しいじわるされてもくじけない。

C8：心が広い。

C9：親切。

C10：心の器が大きい。⑥

T：「心の器が大きい」ってどういうこと？

C10：すぐに怒らないで我慢するということ。

C11：力だけじゃなくて、力も心も強いってこと。

C12：ほかの人に譲ることができて、ほかの人を考えられる。

C2：何回でも挑戦してみる。

C3：できなさそうなことでも挑戦する。

C4：できなくても、できるように何度でも繰り返し頑張る。

T：たくましいというとき、みんなはどんな人を思い浮かべる？

C3：筋肉マッチョな人！（笑）

T：筋肉マッチョな人はたくましい？

C3：おすもうさんみたいに太っていてムキムキで、見た目からそういう風に（たくましく）思うことができる。予想できる。

C5：見た目はそうかもしれないけど、中身は弱っちいとか。⑦

C1：人によって、たくましいの意味が違うと思う。誰がたくましいかは分からない。

C12：やっぱりたくましい人は、心がたくましいっていう感じの意味だと思うから、力が強いだけだとたくましいとは言えないし、心が強くて力が強い人がたくましいのだと思う。

C5：同じ意見だけど、たくましいってことは、筋肉マッチョだからたくましいじゃなくて、見た目じゃなくて中身で判断することだから。すごいやせっぽちの人でも、たくましい人もいる。⑧

C1：見た目は予想。中身によって「たくましい」は変わる。

④
「『たくましい』というのは、もちろん力も強いけど、心が強くないといけないんだと思う」という子どもの発言を問いにしようと考えた。

⑤
「心が優しい」という発言があったが、たくましさと優しさをすぐに結びつけたくない教師の意図から、「優しい」に関して問い返していない。

⑥
C10児は、この前の授業でも「心の器が大きい」と発言したので、その意味を問うた。

⑦
見た目はマッチョでも、心の中は弱いかもしれない。心は見えないから分からない、という考え。

⑧
「やせっぽちでもたくましい」は、「体も心も強い」と言い切っている子どもたちをはっとさせた発言。

子どもたちの発言から
〈たくましいのイメージパターン〉
・体も強いし心も強い。
・体は強いが心は弱い。
・体は弱いが心は強い。
・体も弱いし心も弱い。
☆たくましいのは、体も力も強い人だと思うけれど、見た目だと予想になってしまう。中身によって、たくましいかどうかは変わるのではないか。

「たくましい」とはまずは力が強いこと。でも体が強い、力が強い、だけではたくましいとは言えない。「たくましいとは体も心も強いこと」。
ここまでが話し合いで、共通に了解したこと。

53

④心が強いってどういうこと？

C2：優しい。
T：いきなり？
C2：**人を助けてあげる。**
C3：似ているんだけど、力でも心でも助け合える。
T：むずかしいね。心でも助け合えるってどういうこと？
C3：**助け合える**っていうのは心が強い。
T：どういう場面で？
C4：例えば人がいじめられていたときに、いじめられている人を助けてあげたり……。
C4：少しのことではくじけない。
C5：いじめられてもそういうことをくじけないで、**忘れちゃっていい**ということだと思う。
T：くじけないという言葉のほかには？
C6：少しくらい嫌なことがあっても**気にしないで心にためない**で、心の外に出して、人を励ましたりする人。
C2：気にしないっていうこと。
C1：前の意味にもどっちゃうんだけど、たくましいっていうのはどういう意味かっていうと、助けるっていうこと。たくましいにつながるのが、C2君のように優しいだけど、優しいっていうのはたくましいに連想できるし、たくましいも優しいに連想できるから、たくましいっていうのはいろいろある。
T：C1君の言ったこと、そうだなって思う？
C：思う。思う。
C7：心が強いっていうのが優しいっていうのは、一つの答えとして合っているとは思うけど、いきなりそれが出るのはおかしいと思う。
C5：くじけなくて、人に何かをしてあげるのが優しい。
C1：たくましいにつながるのが、さっき言った、優しい。なんでたくましいと優しいがつながるかっていうと、例えば変な人に連れて行かれそうになって**助けてくれた**とき、ぼくは二つ言えることがあって、一つあるのは、あの人はたくましいなあって。その次にあるのが、ぼくを助けてくれて優しいってなるからつながる。
C3：直接はつながらないと思うんだけど、どんどんつなげていけば**最後には**たどり着いていくと思うんだけど。たくましいだと、くじけない、その後に勇気、その後に優しいっていうのが出てくるんだと思うんだけど。

---

⑨
本時は、目には見えない内面の部分「心が強い」ってどういうこと？という問いをみんなで考えることにした。

「心が強い」を具体的に語ろうとしても、なかなか出てこなくなり、話し合いが停滞した。そのとき「たくましい」と「優しい」を結びつけようとする発言が出てきた。本時の授業で一番展開したのは、C1が黒板に図を描いたときだった。

「たくましい」と「優しい」は一直線にはつながらなくて、間に別の言葉が入るのではと考えている。

- たくましい―くじけない―勇気―優しい
- たくましい―くじけない―勇気―助ける―優しい
- たくましい―くじけない―勇気―助ける―親切―優しい
- 「助ける」は違和感がある。なんでだろう？
- ☆「優しい」というこころを表す言葉（形容詞）と「助ける」という行動を表す言葉（動詞）の区別をする発言
- ☆子どもが対話する中で、子どもの言葉によって言葉を整理し、理解していくものと考える。

⑩

C6：C1君の図を見て考えたんだけど、たくましいと優しい間にいろいろ書くからこの図の意味がある。
C1：たくましいと優しいの間に勇気・親切・くじけないを入れたんだけど。ぼくはまだもやもやしている。
C4：ほかに、助けるが入ると思うけど。たくましい、くじけない、勇気、助ける、最後に優しい。
C14：勇気とか親切とかくじけないの中に、思いやりとかしっかりしているとかが入っている。勇気とか親切とかは気持ちの言葉だけど、助けるっていうのは気持ちじゃなくて行動を表す言葉。

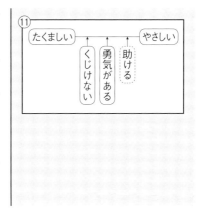

4 実践を振り返って

(1) 子どもたちの学び

○3年生の子どもたちは、自分たちの対話を自分たちで進めようとしている

　使う言葉の前提が子どもそれぞれ違い、それを一つひとつ確かめようとすると話は進まない。しかし言葉の意味が曖昧では話がかみ合わない。そんなとき子どもたちは、図を描いて説明したり、少し前の話題にもどって仕切り直してみたり、自分たちで対話を軌道修正していた。対話の中で使われている言葉を、自分たちが分かる言葉で整理しようとする姿も見えた。自分の考えをわかってもらいたいという思いと、友達の考えを分かろうとする思いがあふれる対話空間になりつつある。クラスの一人ひとりがサークル対話の担い手であり、なんとか自分たちでもやもやを解決しようと奮闘していた。サークル対話を通して、自分の考えを深めていくことの実感をもてたのではないか。

(2) 教師の学び

○「どう問うか」をてつがくする

　子どもたちが話し合ったことの中から、次のてつがくの問いをつくっていこうと考えて実践している。しかし、本時の問い「心が強いってどういうこと？」は子どもの思考とはずれていた。前時の「たくましいというのは体も心も強い」という多くの子どもが納得した言葉を拾って、本時の問いにしたのだが、それよりも子どもたちの頭の中に引っかかっていたのは、「たくましいと優しいはつながるんだろうか」ということだった。本時の中でも、「たくましい」と「やさしい」という抽象的な概念（「気もちの言葉」）を、「行動を表す言葉」という具体的な言葉でつなごうと図を描いて試みていた。具体化と可視化に留意して、共通の前提や根拠を明らかにしてイメージを共有させることがてつがく対話を活発にする。対話の中から子どもの発言の真の意味をとらえ、次の問いをつくっていくことは教師の役割の一つである。同時に自分自身の課題でもある。

(小野澤　由美子)

3年生

「ある」ってどういうことだろう
―はじめての「存在論」―

価値内容：世界

1 ▶ 問題意識と授業の構想

(1) 授業者の問題意識と子どもたちの実態

　我々教師（大人）も、子どもたちも、日常会話の中で「ある」という言葉を、非常によく使う。対象は「実体のあるもの」から「実体のない抽象的なもの（概念）」まで様々だ。
・「はさみ、どこにある？」――「棚の上にあるよ」　・「理科のノートがないな」――「ここにあるよ」
・「夕方、時間ある？」――「ああ、あるよ」　・「やる気ある？」――「もちろん、あります！」

　実に多くの場面で「ある」が登場する。「ある」は至るところに、あらゆる場面に「ある」のである。教師も子どもたちも、あまりにも日常的に使っている言葉なので、「ある」の意味や価値に目を向けたことはあまりないだろう。「見えるものは"ある"」「触れるものは"ある"」「食べられるものは"ある"」といったことは、日常生活で常識として通用していて、すべての子どもの行動や価値観の大前提となっている。だからこそ、その意味について、新教科「てつがく」で考えさせる「問い」としての価値があると考えている。

(2) 授業の構想―実践の意図―

　てつがく（哲学）の歴史を見ると、アリストテレスに始まり、ハイデガー（「存在の哲学者」とも呼ばれる）に至るまで、歴史上の名だたる哲学者は、必ずといってよいほど「ある」（存在）について言及し、持論を論文や著作に残している。しかし、「"ある"とはどういうことか（存在とは何か）」という問いは、現在でも未解決と言える。このような「哲学の究極の問い」を、「てつがくの入門期」に当たる３年生の子どもたちに問うのは、難しいかもしれない。しかし、私は「問い」に年齢制限はないと考えている。３年生なりに、きっと対話の中に「てつがくする姿」を見せてくれると考えた。

　「ある」（存在）そのものを問うことは、たぶん不可能だろう。問いを向けるべき対象は、「ある」（存在）という全体像（宇宙のようなもの）の中にある「あるもの」という光の粒のような気がする（右図）。自分が「ある」と感じた体験をもとに、理性や感情を総動員して、粘り強く考えさせたいと思った。その営みから、その「光の粒」をできるだけたくさん、サークルに囲い込み、"ある"の意味」について一歩でも近づきたい。

第 3 章　新教科「てつがく」の実践

2 ▶ 授業の概略

(1) 目標（育てたい資質・能力）

・自分たちが「ある」と感じたことをもとに、「ある」の意味について、互いに粘り
強く考える。その営みを通して、てつがく（哲学）の究極の問いの一つ「存在」
について、子どもなりに考えをもつ。

(2) 学びの履歴（全4時間）

時	○学習活動	◇子どもの反応・振り返り／☆教師の手だてや思い
1	「地球はなぜあるのだろう」 ○地球の存在理由について話し合う。	☆全体的に、地球の存在が偶然か（単に物理法則に従ってたまたま現在の姿になったのか）、必然か（人間や動植物のために都合よく形成されたのか）という二項対立の構図だった。最終的に「ある」ということそのものに思考が発展した。 【子どもの発話から（抜粋）】 ◇地球は生き物のためにある。／◇人間とか生き物が生きるためにつくられた。 ◇地球はみんなのためにあると思う。／◇奇跡的に地球はできた。 ◇生き物のためなら、最初に生き物がいたはず。地球は生き物のためにはない。 ◇地球が最初にできて、生き物が生まれて、生き物を支えている。 ◇生き物がいなかったし、地球がどうなるか分からなかったので、奇跡的だ。 ◇地球がなぜあるのか考える前に、そもそも「ある」ってどういうことなのか。
2	「『ある』ってどういうことだろう」 ○「ある」について話し合う。	☆「ある」ということの定義が、人によって違うという話題が中心だった。特に健常者と視覚障害者によって「ある」の意味が大きく違うということに関する発話が多かった。 【子どもの発話から】 ◇この地球上に存在するってこと。 ◇あるっていうのは、本当にあるものとか、言葉があるっていうと、言葉っていうのは本当にはないけど、口に出すってことであるけどないっていうのは本当になくて、人に知られてもない。 ◇あるっていうのは、目に見えるものとは限らない。 ◇目が見える人にとっては、さわって、あるなあって。目の見えない人にとっては、全然見えないから……。 ◇あるっていうのは人によって違うと思う。目に見える人と見えない人がいて。だから、人によって違う。
3・4 【本時】	「誰にとっても『ある』ってどういうことだろう」 ○立場による"ある"の違いを話し合う。	「3　授業の実際」を参照。 ☆前時の「立場による"ある"の違い」に焦点を当て、どんな人にとっても「ある」とはどんなことなのかを考えさせた。

57

3 授業の実際

(1) 本時の「問い」、授業形態、教師の位置

　サークルの中央には、机の上に石（多摩川の河原で採集した石灰岩）を置いた。これは、前時に、「この石は本当にあるのか」という問いからサークルでの対話が始まっていることの延長である。本時では、その対話の内容や、振り返りカードの記述を参考にして、「誰にとっても『ある』ってどういうことだろう」という問いを教師から提案し、対話を進めることにした。

　教師は完全にはサークルの中に入らず、一歩引いた位置に座った。手には子どもの発言をある程度記録できるように、記録可能な座席表を持つ。すべての発言を記録することはできないが、「誰が何回発話したか」「問いの核心につながる発話」「問いの変化」などを、可能な限り書きとっておいた。この記録は、対話そのものの評価、子ども個々の評価、次時以降の「問い」を構成する上で役だつ。普段の対話の通り、最初の一人は教師自身が指名した。

(2) 実際の対話の様子（サークル対話の記録から）　B：男児　G：女児　T：授業者

（板書：だれにとっても同じ「ある」ってどういうことだろう。）

T：これを今日の問いにしたいと思います。じゃあ最初の一人はG1さん。

G1：そこにある石はメガネをかけてなかったら見えないかもしれないけど、メガネをかけてたら見えると思うし、触れば「ある」って思う。目が見えない人は触らないと分からないかもしれないけど、目が見える人も触って、本当に「ある」って分かるかもしれない。①映像で映しただけだと、本当に「ある」とはならないから……。

G2：G1さんと似ているんだけど、誰もが平等じゃないから、例えば耳が聞こえない人とか、目で見えない人もいるから②。でも、触ればここに何かがあるとか感じるから、それは、みんな触れば分かるものは、「ある」。電気とかは触ったりできないから、みんなにとって同じ「ある」じゃないものもある。

B1：G2さんが言ったように、平等な「ある」っていうのは、触って分かるものとか、形は分からないかもしれないけど、何かが「ある」っていうのは分かるから、触れる感触があるのが、③「ある」だと思う。

T：触って思うことが感触？

．．．．．．．．．．．．．．．．．．．．．．．．．．．．．．．．．．．．

B2：ちょっと違うんだけど。誰にとっても同じ「ある」っていうのは、目が見える人は見て石が「ある」って思っ

〈教師の視点〉

導入では前時の振り返り（対話の内容と振り返りカードの内容）を紹介。

① 思考実験が見られた。「もしもこうだったら」という思考は、てつがく対話では大切な要素である。

② 前時で問題になった健常者と障害者の感じ方の違いをもう一度もち出している。

③ 「感触」という語彙について考えさせた。

第 3 章　新教科「てつがく」の実践

　　て、見えない人は触んなきゃ「ある」って分からないけ
　　ど。火星とか、言い伝えで言われているのは、触んなく
　　ても「ある」って分かると思う。④
B1：同じ「ある」っていうのは、目が見える人は石がそこに
　　置いてあるだけで「ある」って分かるけど、見えない人
　　は触らないと分からないから、形があるもの。⑤
G3：B3君と似ていて、「ある」っていうのは、目で見て形が
　　分かる。目が見えなくても、物が「ある」っていうのは
　　分かるから、形があったら目が見えない人でも何かが
　　「ある」って思うから。形があるものはみんな分かる。
G4：障害がある人とか、耳とか両方見えない、聞こえない人
　　だとして。大人だと、子どものときに触った記憶で分か
　　る、石がかたいから「ある」って分かる。⑥

T：自分が今まで「ある」って感じたことを思い出しながら、
　　意見を出して、15人くらいの人が話してくれた。ときどき
　　問いが分からなくなったら黒板を見て。⑦「誰にとっても同
　　じ『ある』っていうのはどういうことだろう」という問い
　　ですね。
G2：B3君に付け足しなんだけど、石とか形がなくても、風
　　とかなら、体が寒いとかで分かるし、静電気だったら、
　　びりってきたら静電気だって分かるから。見えないけど
　　「ある」っていうものはほかにもいっぱいあるんじゃな
　　いかなって思う。⑧
G1：（多重障害者に関する発話）
B1：（点字ブロックに関する発話）
G3：私は、物が感じられたらみんな分かると思うんだけど。
　　なぜなら、感じられたら、何かが「ある」ってことは分
　　かるから。だから、「ある」はみんな同じになると思う。
T：感じられれば「ある」の？⑨
G3：でも、手がない人とかは石とかは感じられないけど。生
　　き物とか動物は、鳴き声があるから感じられると思う。
C：もしそれで耳が悪かったら？⑩
G5：日本に住んでいる人全員が同じ「ある」をもっていると
　　は思わなくて。もし障害を二個もっていたら、音しか分
　　からないから、石が置いてあるっていうことも、見えな
　　いし触れないから。

④ 遠くにあるものは本当に「ある」のか、という新しい観点の発話。

⑤ やはり障害者と健常者の感じ方の違いについての議論に戻っている。

⑥ 記憶と存在の関係について言及している。

⑦ 対話を問いの本質に戻そうとする授業者のあせりがあった。

⑧ 実体のないものも「ある」と考えられるものが存在するという新しい視点。

⑨ 「あること」＝「感じること」というものの見方が出ている。授業者はその発話を確認。

⑩ 「もしも……」という言葉で始まる、思考実験的な発話が多い。これはてつがく対話の特徴で、大切なこと。

B4：誰にとっても同じ「ある」っていうのは、ほぼ全部だと思って。耳が聞こえなくて、目が見えなくても。宇宙の中には「ある」んだから、誰にとっても同じ「ある」⑪。

C：どういうこと？

T：（顔の見え方、気分を変えるために、席替えを指示）

⑪ この発話は大きな転換点になったと思われる。多くの子ども（C）が即座に反応している。

⋯⋯⋯⋯⋯⋯⋯⋯⋯⋯⋯⋯⋯⋯⋯⋯⋯⋯

G4・G6：（視覚障害者の「見え方」の発話）

G7：「ある」っていうのは見えないものもあるけど、大体は形があって。感触があるから、手がなくて触れない人はどっかで触ったら分かる。目が見えなくて耳が聞こえない人は手で触ったら分かるけど。空気っていうのは、こういうふうに（あおぐ）すれば「ある」って分かる⑫。

⑫ 空気という実体が見えにくいものも、ある操作で「ある」と分かる。

B3：（多重障害者の感じ方）

B2：手と耳と足とが使えなくなったとして、それはどっかで触れば「ある」って分かるけど、それができない人はやっぱり、ここに石が「ある」とか分からないと思う⑬。

⑬ 触れない人には「ある」とは分からないという発話。

G3：（言語は違っても、感じ方は同じという発話）

G8：みんなは形がある物って言ってたけど、それも「ある」し、あったかかったり、つめたかったり、においとかで「ある」って分かる⑭。

⑭ 感覚は「触覚」だけではないという意見。

B2：B4君の意見に賛成なんだけど。世界中のものは、何も障害のない人なら、触って目で見て「ある」って分かるけど。障害者だったら、見える人が教えてあげればいいし。世界中の人が同じ「ある」ってことだと思う。

B4：誰にとっても同じ「ある」っていうのは……。でも、宇宙の中にあれば、みんな「ある」⑮。

⑮ B4の発話に話題を戻したい様子が分かる。

T：例えば、人がいなくても、「ある」？

C：どういうこと？

T：宇宙にあるものは、人がいなくても「ある」の？

B2：うん。

T：目が見えるとか関係なく、例えば人がいなくても「ある」の？　B4君はそう考えるの。

B5：もしあそこの石が透明で見えなかったとしたら、これは透明だから、「ない」に賛成の人が見えないのは当たり前だけど、別に見えないけど「ある」⑯。

⑯ Tに促されて発話。

（参観した助言者の授業者の発話に対する意見）宇宙の中にあればみんな「ある」、というのを、人がいなくても（それを見たり触ったりできる人がいなくても）「ある」ということに一気につなげたのは正解だったか？　もう少し「宇宙の中にある」ということについて、地球上にあるもの、地球やほかの天体など宇宙空間の中にあるものを具体的な例を挙げながら考えてみる方向にいってもよかったのでは？

⋯⋯⋯⋯⋯⋯⋯⋯⋯⋯⋯⋯⋯⋯⋯⋯⋯⋯

T：目が見えない人の「ある」と、違いがありますか？

G4：質問。もし生きていなかったら「ある」って……。

G9：自分が何もできなくても、必ず周りには何か「ある」から。いなくても周りに何かは「ある」と思う。

第3章　新教科「てつがく」の実践

T：自分がいなくても周りには何かが「ある」？
G9：うん。
G4：生きてなかったら、この世界にはいなくなっているかも
　　しれないから、その時点で「ある」はないんじゃないか。
G10：（障害者の感じ方に対する発話）
G8：G4さんに対して。世界っていうのがあるんだから、「あ
　　る」はあるんじゃないか。
T：（終了宣言。振り返りカードの記述を指示）

（参観の助言者より）
これは究極の「哲学肯定の存在論」である。

4　実践を振り返って

(1) 子どもたちの学び―「立ち止まって振り返る」ことの大切さ

　1・2年生でのサークル対話の体験をもとにして、3年生ではじめて「てつがく」の対話を体験する。3年生は、いわば「てつがく」の入門期とも言える。「てつがく」が始まった3年生の4月～5月は、「てつがく」の対話のルールを知ること、そして対話そのものに慣れることが大切で、自分や話し合いの内容を振り返り、しっかりノートに書くということはまだ難しい。そこで、5月の中旬から、対話のあとに「立ち止まって振り返る」時間を設けた。

　ここで使う「振り返りカード」は、縦7cm、横5cm程度の罫線つきの小さなカードである。書き終わった振り返りカードは、氏名が印刷されたA3大の台紙に子ども自身が貼るようにした。台紙に貼って一覧にすることによって、対話終了直後に、話し合いの全体像を見られる。教師にとっては、対話そのものを直後に評価することに使える。場合によっては、すぐに印刷して子どもたちに配布し、次回の問いにつなげる大切な材料にもなり得る。

(2) 実践の課題と今後の展望

　子どもたちが「ある」こと（存在）と、「あることが分かる」（存在を確認する営み）を混同したまま、対話が進んでいたことに、授業者自身、対話中には気づけなかった。そのことについて軌道修正すべきであったが、「健常者と障害者の比較」ということから抜けだささせたいという思いが強く、その部分について教師の軌道修正の方向性が集中していたように思う。

　「"ある"とはどういうことか」という問いは、哲学の領域において、現在でも未解決の問いであり、3年生にとって難しかったと評価することは容易である。しかし、子どもたちの対話の記録を再読すると、いくつか本質に迫ろうとする発話も見られたように思う。「『問い』に年齢制限はない」という授業者の信念は、必ずしも誤りではないような気もした。「あえて哲学の本質に迫るような難しい問いに出合わせる」ことで、子どもたちの「てつがく的探究力」を育む可能性があるのではないかということを、教師自身が考える機会になった。

（田中　千尋）

4年生

ゆめの世界って何？

価値内容：自己、世界

1 ▶ 問題意識と授業の構想

(1) 授業者の問題意識と子どもたちの実態

　朝活動の時間に、日々の出来事を自由に語るサークルでの対話を継続して行っていた。ある日、一人の子が「最近、怖いゆめを見たんだけど……」と話をし始めた。子どもたちは夢中で話を聴き、質問をし、その子のゆめの世界での出来事を想像しながら、やりとりを楽しんだ。その後は、それぞれが見たゆめを語る時間となった。数日後、別の子が次のような絵便りを書いてきてくれた。

> 　今日、ゆめのことについて考えました。私は、楽しいゆめを見たとき、いいところで目がさめてしまって、もう一どそのゆめの続きを見よう！　と思ってねようとしても、（考えても）どうしても、そのゆめの続きが見れません！　それってどうしてかなあと思いました。…(後略)

　その後の朝活動のサークル対話でも、度々ゆめの話で盛り上がった。ゆめに引き寄せられる子どもの姿や後述する理由から、ゆめについて皆で考えていくことはおもしろいのではないかと感じた。

(2) 授業の構想―実践の意図―

①共通の体験がある

　「てつがく」における対話は、抽象的な言葉のやりとりだけでなく、具体的な体験を聴き合いながら、それをもとに問いを探究していくことが大切である。そう考えた際、共通の体験がある学級の出来事などから問いを立てる方法がある。ゆめも、内容や感じ方は様々であるが、共通に体験したことがある（はずである）ものとして、対話を始めることができると考えた。ゆめを自由に語り合いながら、少しずつゆめに疑問をもち始めた子どもたちの姿から、そのように感じた。

②よく分からないことがあることに気づく

　ゆめの世界はよく分からない世界かもしれない。考えて考えて、結局、よく分からないことが分かったという結論に至るかもしれない。よく分からない世界があることに気づき、それをおもしろがること。結論を出さずに、分からないまま保留しておくことができること。それも「てつがく」のよさと言える。結論ではなく、考えるプロセスを重視しながら、ゆめについての探究を進めたい。

③現実の世界もゆめの世界？

　この現実の世界も、もしかしたら誰かのゆめの世界かもしれない。この後、はっと目が覚めて、「何だ、ゆめだったのか……」と。ゆめの世界を考えることは、今いる世界（現実の世界と思われるこの世界）や自分の存在、そして世界と自分とのかかわりに目を向けることにつながるはずである。

　以上の理由から、「てつがく」の授業で、ゆめについてみんなで考えていくこととした。

第 3 章　新教科「てつがく」の実践

2 ▶ 授業の概略

(1) 目標（育てたい資質・能力）

・問いに対して、現実の世界と対比しながら粘り強く考えていく。
・「ゆめ」について考えることを通して、現実の世界と自分との関係を見つめる。
・他者を介して考えていくことを楽しむ。

(2) 学びの履歴（全 5 時間）

時	○学習活動	◇子どもの反応・振り返り／☆教師の手だてや思い
1	○絵便りをきっかけに、ゆめについて考える。	【本時の対話を受けて─子どもの記述─】 ◇今日は"ゆめ"をテーマにたくさんのぎもんが出てきました。では、まずなぜ"ゆめ"を見るのでしょう。…(略)…これをまとめると、ゆめは自分の中にある経験とか、願いとかが強く残っていると見るのではないかと考えました。 ◇今は、自分と何かつながりがあるゆめの世界があるのだと思います。ゆめは、自分の思い出のつまった大切なものです。…(略)…分からないことは、なんでゆめの世界の中では、自分をコントロールできないのかです。
2 【本時】	○前時の対話から生まれた問いについて考える。	「3　授業の実際」を参照。
3	○対話から生まれた問いについてさらに考える。 ─ゆめと現実の違いは？─	【本時の対話を受けて─子どもの記述─】 ◇…(略)…現実の中の空想は、自分の都合のいいようにかえられるけれど、ゆめはコントロールできないと分かりました。 ◇ゆめは自分の頭の中でつくるもので、現実は自分一人ではつくれずみんなでつくるものです。自分の頭でつくるとは想像することです。現実は自分一人ではつくれず、世界には自分一人だけじゃなく、他の人がたくさんいるからです。しかも広いからです。 ◇…(略)…今って現実なのかな、ゆめなのかなと思ったりします。それって誰が分かるのだろう？　私は誰にも分からない気がします。なぜなら、誰が分かるかで、分かる人がいてもそのときゆめかもしれないから…。そのことを少しみんなで考えてみたいです。
4	○対話から生まれた問いについてさらに考える。 ─今いる世界は現実？─	【本時の対話を受けて─子どもの記述─】 ◇…(略)…今日、今って現実？　ゆめ？　というのをみんなで話し合って、私は今ってゆめと思う人が多いと思いましたが、現実、ゆめ、半分くらいに分かれました。でも私は、今ってゆめかもしれないと思います。でも、今って現実かもしれないとも思います。私はすごくなやみ中です。ゆめについてのこと（話し合い）が終わっても、また少し考えてみたいです。
5	○これまでを振り返り、自己評価シートをもとに自己評価を行う。	☆質問項目前半は、自分の取り組みを振り返る質問、後半は学級としての取り組みを振り返る質問となっている。 ex.「『てつがく』の授業を通して『ゆめ』について何か新しいことを学ぶことができましたか」「学級のみんなは、『ゆめ』について、考えが深まるような対話ができましたか」

3 授業の実際

(1) 実際の授業の概略

- 前時のサークル対話後の記述を紹介し、前時を振り返る。
- 前時の対話から生まれたC1の下記の問い（記述）をもとに、「ゆめの始まり」について考える。

> ぼくはいつも夢をみるとき、暗かった視かいが急に明るくなって、ドアのようなものをくぐって夢が始まるけれども、それってみんなはどう感じてる（そんなのないかもしれない）のか知りたいです。…(中略)…夢の世界って何？

- 「ゆめと現実のつながり」について考える。
- 対話を振り返り、書くことを通して、さらに自分一人で考える。

(2) 授業の実際

① 「ゆめの始まり」について考える

　授業の導入では、C1の記述からの問いかけを受けて、「ゆめの始まり」について、それぞれが自分の体験を語っていった。

C2：最初は何も見てなくて普通に寝ていて、途中からぱっと気づいたら何かゆめが始まっている。

C3：目を閉じるとだんだん明るくなってきて、それで気づくと、なんか、もう普通にゆめの中に入っている。

C4：えっと、その始まっているんだけど、そこはお話の途中みたいなところから始まっている。

C5：ぼくは寝たら、空みたいなところにいて、いつも落ちて、最後どかんとあたって。お母さんにきいたら、寝てすぐ、ぼく揺れてるって。ドクンって動いてるって。

…(中略：さらに「ゆめの始まり」について語られる)…

C1：さっきのC5君の考えについて、みんなに質問なんだけど、C5君みたいに、ゆめで何かあると実際に動いているみたいな感覚がある人？

② 「ゆめと現実のつながり」に目を向ける

　最初は、個々の体験を共有することが続いたが、C5の言葉を受けたC1のさらなる問いかけによって、問いが更新された。これをきっかけに、「ゆめの始まり」から、「ゆめと現実のつながり」について意識し始める子どもが出てきた。以下は、そのやりとりの一部である。

C6：私の場合、寝ててその間に寝言で何か言っているんだけ

〈教師の視点〉

① 「ゆめの始まり」についてのC1の問いは、前時の対話を受けて生まれたものである。したがって、C1の問いを考えることは、子どもたちにとって自然な流れであると感じた。また、始まりを考えることは、その前後にある現実の世界とゆめの世界の関係を意識することにつながると考えた。

② 授業者は聴くことを意識しながら対話に参加する。さらに対話中は、必要に応じて、以下のことを行っていく。
　◇言葉を問い返すことによって、その意味を明確化する。
　◇思いや根拠を問う。
　◇内容の整理や確認を行う。

③ これまでの対話を見たとき、その内容が行きつ戻りつしながら、繰り返しているように感じる。一見すると、対話が飽和し、停滞しているようにも見える。しかし、その時間こそが、友達のもつ背景や感じ方を知り、互いの共通了解を確認する

第3章　新教科「てつがく」の実践

ど、お母さんが「そうなの？」と言ったらしく、そしたら「うん」って。自分はゆめの中にいて、お母さんはゆめの中にいないのに会話してた。

C7：C6ちゃんとかが言った、ゆめと現実が何か。ゆめと現実は一緒なんじゃ。なんだろ、そのつながっている場所があるんじゃないかな。

C8：私は、ゆめと現実はつながっていると思うんだけど。あのー私は、寝ているという感覚がなくて、普通にゆめになるんですけど、何か、ゆめが現実的、ゆめを見ているときに現実だって思う。④

③「ゆめと現実のつながり」を考える

　授業後半では、授業者がこれまでの対話の内容を整理し、ゆめと現実の関係に焦点化する問いを投げかけた。以下はその後の対話である。

T：聴いていると、ゆめだなあと思って始まる人と、現実の世界と同じように始まっていく、気づいたら始まっていて、ゆめが覚めるまで現実かどうかよく分かんないという人がいたけど。C1君が「ゆめの世界ってなに？」と書いてて、ゆめの世界ってあるのかな？　C7君がさっき「ゆめと現実はどこかでつながっている」と言ったけど、ゆめの世界はある？　現実の世界はある？⑤〔時間をとる〕

C7：えっとかくんだけど。
〔右図をかきながら〕
ここに現実っていう場所みたいのがあって、ここにはゆめがあって、これが何か、何だろう、橋みたいな、こうやってゆめが現実につながっている。⑥

C8：私は、つながっているっていうか〔右図をかきながら〕これが現実で、えっと、これがゆめで、それで何か、

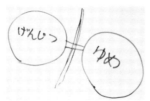

C7君は橋って言ったけど私は何かここらへんに境界線みたいなのがあって、そこを何か、一部のところだけつながっているって感じがする。じゃあC9君。

C9：〔右図をかいて〕ゆめで寝る。すると、頭の意識が何か、ゆ

上で大切であり、それが、考えを進める際の根拠となっていく。

④
言葉を聴きながら、「ゆめと現実のつながり」が気になり始めていることを感じた。C7やC8の言葉には"ゆめと現実"、"つながっている"があり、確実に「ゆめと現実のつながり」、関係に意識が向いている。したがって、そこに焦点化する問いを投げかけてもよいのではないかと考えた。

⑤
授業も残りわずかとなっていた。それぞれの考えを聴くことを通して、「ゆめと現実のつながり（関係）」への個々の意識が重なりあい、全体として濃く浮き上がってきているような印象を受けた。したがって、問いかけるには今がよいのではと判断し、左のように問いかけた。

⑥
C7が授業者の問いかけに対して、反応した。
その語りの様子は、"自分の考えを整理して伝えようとしながらも、整理できない。よく分からないことがあり、でも…"といった気持ちが伝わってくるものであった。C7の語りから、さらに考えを聴きたいと思っていた。
C7は自らすっと黒板のところに行って図をかいた。そして、その図を見ようと自然と皆の体が動き、サークルの形が変化した。

65

めという習いごとみたいなところにテクテクテクって行って、それでゆめを見てから、時間が過ぎていって、あるときに、「あっもう帰らなきゃ」って脳が言って、それでテクテクテクって家に戻って帰宅するみたいな感じ。

C10：あのーC9君に質問なんだけど、現実とゆめは、習いごとみたいなところに行くって言ったんだけど。テクテクってゆめに行っているときは、寝ようとしている最中で、ゆめから現実に戻ってくるのは、実際にそういうのをゆめで見ているの？

C11：習いごとみたいにゆめから帰るときの話。例えば6時に起きる。6時まで後10分だとして。で、帰るときは目をつぶっていて、後10分って分からないわけだから、そろそろ起きる時間というのが分からなくて、ゆめから現実に戻ってこられないというのがないかな。

T：戻ってこられないときがあるんじゃないかって。

C：でもそれは。それはそれは。／C：それはない。

C12：私は、寝ているときに目覚まし時計とかで無理やり、ゆめから現実に帰るか、それか、自分でそろそろ帰りたいなあと思って帰るんじゃないかな。

C13：付け足し。ぼくはいつも7時に起きているんだけど。毎日同じように起きていると、自然に体が7時くらいに起きるなって覚えちゃって、ゆめを見ていると、7時くらいになったら強制的に終了させられちゃう。

⑦ C7の図に触発されるように、それぞれのもっているイメージが図化され、黒板にかかれていく。子どもたちの対話を聴きながら、それぞれのもっている考えやイメージの違いがおもしろいと思った。

対話後は、「今の自分の考えや思い―考えたこと、考えていること、分からないこと、納得できないこと―」を書く時間を設けている。対話を通して自分が何を考え、対話を受けて今何を考えているのかと、立ち止まり考えることは、自分の考えをメタ認知し、自己内対話をしながら考えを深めていくことになる。また、「てつがく」の授業では、何かが分かるよりもむしろ、よく分からないことがあることに気づき、さらに考えることが大切と言える。分からないことや納得できないことという観点を設けることで、簡単に結論づけずに思考し続ける姿勢を養うことにつながると考えている。

④対話を振り返り、今の自分の考えを書く

そして、授業の最後には、自分の席に戻り、対話を振り返りながら、今の自分の考えを個々に静かに書いた。

4 実践を振り返って

(1) 子どもたちの学び

授業後半、子どもたちは、「ゆめと現実とのつながり（関係）」を、図によって表現していった。"つながり（関係）"をかいたモデル図が出されたことで、それまでの個々のゆめの体験が語られ、共有されていく「あるある」の了解のような対話から、"つながり（関係）"へと論点が明確になっ

第3章　新教科「てつがく」の実践

ていった。加えて、図にすることにより、個々のイメージの違いが明らかになり、考えが深まるきっかけとなった。C7の図は、漠然ともっていた"つながり（関係）"について、個々の意識を向けさせ、その輪郭をはっきりさせていくことにつながったと感じた。そして、図から感じる微妙な差異を共有することは、"つながり（関係）"をさらに考えていくきっかけとなったと言える。

　実際、授業後の下記の子どもの記述を読むと、友達がかいた「ゆめと現実とのつながり（関係）」の図をもとに、自分のイメージを図化し、考え続けている様子が見られた。図にすることで、イメージがはっきりとなり、考えを深めていくことになるのだと、授業後の記述からも感じた。

ぼくはC8ちゃんのゆめとげんじつの間にきょうかい線のようなものがあるという意見にさんせいです。なぜなら、ゆめを見るのはねている時なので、きょうかい線は、ねている時に通れるようになると思うからです。	
私はC9くんの案に似ているのですが、私たちがねている時間に習い事のようにゆめの世界に行く感じで、私たちが見ているゆめは、ゆめの世界の習い事にいっている人が映画かんとくのようにさつえいしているものを、見ているのではないかと思います。	

(2) 授業者の振り返り

　「てつがく」を、『自明と思われる価値や事柄について問い直し考える教科』とした際、「ゆめをテーマとした授業は、『てつがく』ととらえてよいか」ということが、協議会で話題となった。講師の先生からは、「『ゆめとは何か』といった純粋な問いを考えることも、『てつがく』の授業である」というご意見を頂いた。「ゆめとは何か」という問いは、朝のサークル対話でのやりとりから生まれた問いである。「てつがく」で扱う問いは、自分事となるかどうかが大切であり、自分たちの今を見つめながら、問いをつくっていくことが大切であると感じた。そして、"よく分からないことがある"ことに気づいたとき、分からないから考えることをやめるのではなく、分からないからこそ、考えを聴き合い、自分の考えを見つめることが大切であり、そこに楽しさがあるのだと感じた。子どもの言葉を聴きながら、授業者自身も、ゆめの世界の不思議さに引きこまれていく感覚となった。

　「今、この本を読んでいるあなたがいるのは、現実の世界ですか？　それともゆめの世界ですか？」と問われたら、どのように答えるだろうか。ゆめか現実かの判断基準が、"おかしなこと"が起こっているかいないかならば、今は現実の世界だろうか。いや、でも、もしもこの本を閉じたとき、それを合図に"おかしなこと"が起こったら……。

（久下谷　明）

4年生|

大きくなるっていうこと

価値内容：自己、他者

1 ▶ 問題意識と授業の構想

(1) 授業者の問題意識と子どもたちの実態

　本単元の題材とした「成長」や「大人とは」といった問いは、子どもたちにとって、普段から気になりながら、なかなか口に出して対話することのない、しかし関心の深い問いである。子どもたちが3年時に書いた文集では、「練習を通してできるようになること」、「その時の頑張りや苦労」が成長であると書いていた。これは、生活経験の中で子どもたちがつみ重ねてきた自明なものとしての価値観を言語化し、一般化したものと言えよう。

　しかしそこで言語化された概念を一度壊しつつ、再構築していくその過程、その経験の意識化に「てつがくする」意味があるととらえる。つまり、対話を通してその概念を多面的にとらえ、日常の中では目を向けていなかった部分を明らかにすることで、自分の概念が書き換えられていくことにつながる。

(2) 授業の構想—実践の意図—

　4年生になった子どもたちに、絵本『おおきくなるっていうことは』（中川ひろたか／文・村上康成／絵、童心社）を読み聞かせ、「自分の考える『大きくなる』とは？」と問いかけると、そのとき成長へのキーワードが出された。その中で「～ができるようになる」と答えたのは1/5で、「人のことを考える」「挑戦できる」「強くなる」などが挙がった。同じ「成長」を扱っても、発達段階によって語られる具体や価値観は変化していく。4年生として、他者との比較を通して見えてきた現在の自分との間で、揺れながらつくられていく自己に目を向けた。

　子どもたちは「悔しさを乗り越えてできるようになる」などの達成感・期待感と、そのための努力を自明の価値として語っていた。「成長」には、今の自分より進歩するという現在の視点（自己・感情へのかかわり）と、大人になるとどう変わるのかという未来への視点（他者・社会とのかかわり）が含まれている。さらに、未来への期待感と不安感を加えると、図のように整理できる。

　4年生では現在の自分が感じている期待と不安について、個々の感じ方を語りながら、他者や社会とのかかわりに視点を広げていくことを大事にしたい。

　子どもたちは「悔しさを乗り越えてできるようになる」など、少し先への期待を語ることが予想される。そこで、「頑張れない」「あきらめたい」といったマイナスの感情とどうやって向き合っているかを語っていくこと、つまり、自分の内面と

	期待		
未来	自分の夢や目標	できることが増える自分	現在
	責任の増大	今の自分の課題−不満	
	不安		

第3章　新教科「てつがく」の実践

向き合う機会とすることが、4年生が「成長」を語り合う意味だと考えた。

2 ▶ 授業の概略

(1) 目標（育てたい資質・能力）

・成長していく中で感じる負の感情とどう向き合うかを、対話を通して考える。その上で、どんな自分でありたいか、成長への願いを自分の言葉で表す。

(2) 学びの履歴（全8時間）

時	○学習活動	◇子どもの反応・振り返り／☆教師の手だてや思い
1	○『おおきくなるっていうことは』の読み聞かせを聞く。 ○自分たちの考える「大きくなるっていうこと」を出し合い、分類する。	◇人のことを考えられるっていうこと。 ◇深く考えられるようになるってこと。 ◇強くなるってこと（身体面と精神面）。 ◇減っていく残りの時間を気にすること。 ◇自分から挑戦できるということ。 ◇○○ができるようになる（発見できる）。
2・3	○「成長に大事な感情は？」についてグループで話し合い、話題をしぼる。 ○各グループが対話の過程やキーワードを図示しながら報告する。	☆「努力」「あきらめない」「やり遂げる」「達成感」など、精神的な強さにかかわる言葉と、その関連が語られた。 ◇負けたときやできなかったときに、ずるしたりあきらめたりしたくなる。そのときに、あきらめないで努力して、できるようになった時に成長を感じる感情（達成感）。 ◇①悔しい、②挑戦、③優しさ、④好奇心？ ◇成長に気づくのは自分で？　周りに言われて？
4	○「自分では成長に気づかない？」について話し合う。 ○うまくいかないとき、自分が迷ったり、考えたりした場面を考える。	◇何かを乗り越えたときの達成感で成長を感じる。 ◇他の人に言ってもらったときに自分が成長していたんだと気づく。 ◇誰かとくらべて自分が成長したことに気づく。 ◇前の自分とくらべたときに自分の成長に気づく。
5・6 【本時】	○「あきらめてはいけないの」について話し合う。 S子の問い：プールの練習がとてもハードで、何回テストを受けても受かりませんでした。「やっても意味のないのでは」と思って、やめてしまいました。これはいいあきらめ？　悪いあきらめ？ ○成長とあきらめについて一文で表す。	「3　授業の実際」を参照。 ◇あきらめちゃうってことは、それが嫌いになってるってことだから、無理に続けてもよくないと思う。 ◇テニスでなかなかうまくいかなくて、やめたいって思ったけど、お母さんから『もう少し頑張ってみたら』って言われて、1ヶ月だけ頑張ったら、成果が出てうまくなれた。だからそんなに簡単にあきらめない方がいい。 ◇テストは何回ぐらいだめだったの？ 「4回」「4回か〜。4回ってどうなの？」
7・8	○これまでの対話を振り返り、共通了解に向かう。	☆前時で話しきれなかった、成長とあきらめについてノートにまとめて整理させた。その後、互いのノートを見合い、振り返るように促した。

69

3 ▶ 授業の実際

(1)「あきらめる」って悪いこと？

　子どもたちは「悔しさを乗り越えてできるようになる」などの達成感・期待感と、そのための努力を自明の価値として語っていた。その中で出された「嫌なことでもあきらめちゃいけないの？」という問いによって、あきらめることのすべてがいけないのではないかとする意見もみられた。

　前時では、自分が水泳をあきらめた経験について、「これはよいあきらめ？　それとも悪いあきらめ？」と書いてきたS子の意見を取り上げて、それぞれの感じ方を話し合った。

　「成長を感じるとはどういうことか」から、「あきらめるのは悪いことなのか」に問いが変化している。自明の価値としてよくないものと感じている「あきらめる」という行為がもつ意味や、あきらめが内包する人間の感情に気づいていくことが、子どもたちの成長につながるだろう。

(2) 学習活動

① ウォームアップをする①
② 進行役が前時を振り返る

C：今日は前回話し合った、いいあきらめ、悪いあきらめについて話し合います。嫌だと思ったらあきらめてもいいという意見と、苦しくても努力を続ければ未来につながるという意見がありました。では、前回の予約の人からお願いします。②

> S子の問い：プールの練習がとてもハードで、何回テストを受けても受かりませんでした。「やっても意味がないのでは」と思って、やめてしまいました。これはいいあきらめ？悪いあきらめ？

C1：私も水泳の選手コースに上がれなくてあきらめかけたときがあったんですけど、自分なりに工夫して頑張ったら受かったから、あきらめなければ未来は開けると思う。

T：あきらめそうなときにどうするかっていうところで、前にも「区切りのいいところまでやる」という意見が出て、今は「工夫してやってみる」③。工夫するって具体的にどういうことなの？

C2：工夫するというか、そういうときは心の中にモヤモヤがあって、そのモヤモヤを晴らすように、気分転換したり、もう一度努力したりすること。

C3：先生が工夫するって言っていたけど、工夫っていうのは、自分でやり方を考えるっていうことで、できないこ

〈教師の視点〉

① | マイク回し・背中文字で伝言。

② | 前時からこの話題に入っているが、その確認を係の子がしっかり伝えていたため、そのままサークル対話に入る。

③ | あきらめるかあきらめないかの二択ではなく、あきらめないためにどんな葛藤や解決を試みているのかを言語化していきたいと考えた。

第3章　新教科「てつがく」の実践

とは自分でやり方を考えるってことだと思う。

C4：誰かに続けなさいって言われてやっても、「いいのかなあ、これで」って、自分を信じられなくなるから、それはやめてもいいと思う。あと、工夫っていうのは、今までとやり方を変えてみるっていうことで、私もスケートの試験に2回くらい落ちちゃったんだけど、うまい人のやり方を聞いてやってみたら、ジャンプがきれいに決まって受かったことがあった。

T：C4さんが自分の経験をもとに話してくれたけど、今日の後半、今まで話してきたことを短い文にまとめてもらおうと思ってるんです。だから、たくさんの例が出るよりも、誰かの例について詳しく聞いていきたい。質問を出せる人、いるかな？④

④ 似たような発言がつながる中で、S子の事例をもとに考えたいという含みをもって投げかけた。

C5：嫌々やっていることを続けても、成長しないし、好きなことを全力でやることがいいと思うから、嫌なことはやめちゃってもいいと思う。

C6：反対っぽいんだけど、自分が嫌だったらあきらめていいって言ったけど、サッカーが好きでそれを極めようと思っている人が、だんだん大変になってやめちゃったら、次に野球を極めようとか、目標があればいいんだけど、サッカーしかない人がそれをやめちゃうと、次に何をしていいか分からなくなっちゃうから、次に極めたいことがあるならあきらめてもいいと思う。⑤

⑤ これまでは、あきらめるのがよいか悪いかという価値判断の話だったが、C6はあきらめるという行為の意味を違う見方から考えていこうとしている。それを受け手C7が比喩的に表そうとするが、周りの子どもたちには伝わっていない様子だった。

C7：例えば電車で快速に乗っていて、行きたい駅を飛ばしちゃうことがあきらめなんだけど、後で、各駅停車に乗り換えて行こうとするのが工夫することみたいな。

T：今の例、みんな分かった？　電車の例えはおもしろそうだと思ったんだけど、それが何を表そうとしているのかが分からなかったのですが？

C7：ちょっと変えます。終点より先の駅に行きたくて、電車がないので、途中で降りるのがあきらめるで、電車があって、乗り換えられるなら、あきらめてもいい。

C8：ぼくは図に表すんですけど、こんな風に表してみると、⑥S子の意見は「できるけど好きじゃない」ってことですよね。

⑥ 4年生では、自分のイメージを図に表して伝えようとすることが増える。
（C8男児の図）

C9：え？　できないから好きじゃないじゃない？

C8：そっか、できないけど好きじゃない。

C7：できないから好きじゃない。

C8：で、できるから好き（①）っていうのが一番いい感じで、好きじゃないけどできる（③）っていうのは、S子

71

はこんな感じだと思うけど、モヤモヤした感じで、やめ
るかやめないかの吊り橋みたいな感じがする。

T：今、S子の名前が出たけど、S子の気持ちはこの図で言う
とどの辺になるの？

S子：好きなんだけど、5・6回くらいテストをやっていて、
で、私の友達もいて、その子は先に次の級に受かっ
ちゃったんですよ。で、私はそれでも受からないから
「もうやだ」ってなっちゃった。

C9：ぼくは好きからできるまでの間にかべがあると思うんで
すけど、この不思議なかべに自分の思いがぶつかってい
くけど、はじき返されて、でもこのかべは実は扉で、ど
こかに穴が開いているところがあって、その扉を探すた
めに、何回もぶつかっていくんだと思う。

C10：「好きこそものの上手なれ」っていうことわざがあっ
て、好きなことにはどんどん努力できて、限界がないっ
ていうか。スポーツ選手みたいに輝いている人は、す
ごく何倍も努力していて、それで好きじゃないことに
努力するのとは、成長の進みが全然違うと思う。

T：すいません。時間切れです。今は好きだからできる①のと
ころで話している人が多かったけど、今日考えてほしい
のはここ、好きだけどできない②ね。成長とあきらめの関係
について、グループで一文にまとめられるでしょうか。
（グループ対話10分）

- -

T：さあ、みんな出揃いましたか。努力、壁、工夫という言葉
が並ぶ中で、4グループのだけ、少し違う気がするんです
けど、4グループ、ちょっと説明を⑦。

C11：さっき出たように、次に頑張れるものがあるんなら、
別にあきらめて違う方に行ってもいいと思うんだけど、
あきらめたくないときや、ほかのことがないときは、
あきらめないで、その状態で止まったまま、次のこと
を探してもいいし、あきらめずに頑張ってもいい。

⑦
各グループの一文は似通って
いて、それを共通了解とする
こともできたが、「努力で壁の
中の扉を探す」のような、自
明の価値観が多かったため、
異質な意見を取り上げた。

4 ▶ 実践を振り返って

(1) 子どもたちの学び

本時の後半では、成長についての共通了解を見出すため、成長について一文で表すことを試み
た。「一文で」と指示されたことで、「いろいろな壁（扉）を乗り越えて成長すること」のように、
自明の理解に近い言葉でまとめるグループが多かった。しかし本時の後、さらに1時間成長とあき

らめについて語った子どもたちは、個々に成長を以下のように意味づけていた。

　Ａ子：自分の限界を受け入れ、受け止めると大きくなれる。

　Ｂ男：あきらめないで努力し、別の道を判断し、道を消したり増やしたりすること。

　負の価値をもつ「あきらめる」という行為について、自分を知っていく過程で立ち止まったり目標をとらえ直したりすることの必要性から、プラスの意味づけをしている子が半数ほど見られた。

　Ｓ子は「あきらめない方がよかったのでは？」と感じながらこの問いを書いていた。どうしてあきらめたのかを聞かれたＳ子は、言葉につまりながら、友達が上達していくのに自分だけが上達しないことへの不安を語っていた。そして、自分の問いについてこのようにノートに綴っている。

　Ｓ子：大きくなるにはいろいろな工夫をする。こんなにいろんな意見が出て、やめるとき、少し
　　　　考えようと思う。

　Ｓ子の中でマイナスの意味づけがされていた「あきらめる」という行為は、Ｓ子の迷いを引き受けた子どもたちの言葉によって、別の可能性に目を向けることにつながると意味づけられた。他者の声に耳を澄ませていたＳ子は、自分の言葉で「やめる前に、少し考えてみようと思う」と記している。白か黒かではなく、悩みながらうまくいかないこととの向き合い方を考えて選択することは、今後自分の進路や本気で取り組むことを選んでいく子どもたちにとって成長の本質ではないだろうか。

⑵ 実践の課題と今後の展望

　「グループで一文にまとめる」という活動は自明の価値観に近い一文を生み出すことになってしまった。本質に向けて短い言葉にまとめていく際、共有できるものとして自明の価値が再び前面に出てきたわけである。対してノートでの振り返りは、個々の認識が表れたものになっている。

　Ｄ子：あきらめても、場合によっては成長することもあると分かりました。

　Ｅ子：かべにぶつかりながらいろいろな事に挑戦し、自分の好きなことを見つけていくこと。

　注目すべきは、対話を反映しているかだけでなく、その子が概念のどこに着目しているかである。次の言葉は、授業者にとって、今の彼らをよく表していると感じるものであった。

　Ｎ子：困難を次々と乗り越えてがんばること。そこに、達成感があること。

　Ｙ男：止まっても、また始めるとできる。体にたたきんで、体が覚えているから。

　もの静かだが黙々と頑張るＮ子は、対話の中で「達成感が感じられたときに自分の成長を自覚できる」という声に、強く共感したのだろう。サッカーに一生懸命なＹ男は、ケガをした経験からもう一度挑戦することの価値を書き表そうとしている。子どもたちが積み上げてきた価値観は、そう簡単に崩れるものではない。その一端が崩れ始めたところでのグループ対話では、安心感のある自明の価値を口にすることになる。共通了解を見出すことの難しさを感じる場面となった。

　また、本実践ではＳ子以外が具体的な経験を語ることは、多くはなかった。「自分を高めるとは、滝を登り続けるようなものである」のように、抽象的な比喩のやりとりが、実生活での判断とは離れたところで語られていると感じることもある。自分の文脈から離れることで概念の本質を探ろうとする「てつがくすること」のおもしろさと難しさを感じる言葉である。ただ、今回のように、誰かの苦しさを聴き合いながら、その判断の中にある別の解釈、意味づけを引き出してくることは、自分の体験や感じ方を重ねやすく、一つの方策となり得ることを感じた。

（岡田　博元）

5年生

> # 美しいって何だろう
>
> ## 価値内容：美（世界・科学などにかかわるもの）

1 ▶ 問題意識と授業の構想

(1) 授業者の問題意識と子どもたちの実態

「てつがく」の実践を始めて 2 年目、子ども同士が対話することに意識して取り組む。そのためには質問する力を育てることが、この学級の子どもたちにとって不可欠であると感じている。また、対話の中の言葉の使われ方に意識を向けることで対話する力が身についていくと考える。そこで、「評価そのものを対話的にすること」（河野哲也（2014）『「こども哲学」で対話力と思考力を育てる』河出書房新社）を念頭において、子どもの成長を促し、「てつがく」の時間をよりよくしていくための評価を考えていく。

(2) 授業の構想―実践の意図―

今回は、ある子どもの絵便りに書かれていた、晴れの日の太陽の光の美しさについての記述をきっかけに、テーマを「美しいって何だろう」と設定した。誰もが経験しているが、あらためて言葉にする機会はあまりない「美しい」ということを「てつがく」科の時間を使って考えることで「美しいって何だろう」と考え続ける素地を耕したい。

「美しい」と感じる事柄は子どもによって異なる。分かり合い、話し合うためには、いくつかの手だてが必要である。自分が美しいと感じるものを実際に持って来たり見える形で表したりして示しながら、グループで質問し合う。そうすることで、互いが何を美しいと思っているのか、なぜ美しいと感じるのか考えを明らかにしていく。全員での話し合いは、「人それぞれ違うね」で終わらないように、それぞれが感じる「美しい」に共通することを見つけ出させる。また、「美しい」の共通点を考えて種類分けする中から、様々な問いがまた生まれてくる。

2 ▶ 授業の概略

(1) 目標（育てたい資質・能力）

- 自分の経験を思い起こして語ったり、他者の言葉を聴いたりすることを通じて、「美しいとは何か」を考える。
- 質問をして相手の思いや考えを引き出すことで、対話の中から新しいものをつむぐ。

第 3 章　新教科「てつがく」の実践

(2) 学びの履歴（全 6 時間）

時	○学習活動	◇子どもの反応・振り返り／☆教師の手だてや思い
1	○子どもの絵だよりをテキストとして読み、問いを立てる。	◇「美しい＝カラフルか」「美しいときれいは違うのか」「美しいものを見ると心が落ち着くのはどうして」「一人ひとりの『美しい』の違いは何か」「美しいとは何なのか」などが挙がった。
朝の時間（帯）	○自分が美しいと思うものとその理由を絵や写真を見せながら伝える。	◇「朝の歩道橋から見える太陽。ぴかぁっと出てきたちょうどよいまぶしさがきらきら光って美しい」「海　水の色が深い水色で渋くてきれいだった。空の雲も真っ白でとても速くうごいていてきれい」など。
2	○学習班の 4 人で、自分が美しいと思うものをキーワードで付箋に書き出し、種類分けし、名前をつける。	◇自然（森の中で光が木の葉に映っている、海、氷が張った湖、桜など）、生き物（白鳥、サンゴや海の生き物）、光（イルミネーション、クリスマスツリー）、伝統、建造物、音楽、生命、笑顔、芸術、目に見える / 目に見えないなど。
3	○全員で、バラの花、しおれかけたチューリップ、花嫁用のコサージュの写真、色画用紙を巻いて作った花を見ながら、美しいと思うかどうか、フラフープを使って分類し、その理由を述べる。	◇子どもたちが用いた観点：実物 – 偽物、生き生き – 弱々しい、生きている – 枯れている、立体 – 平面、丁寧 – 雑、邪魔じゃない – 邪魔、光る – 光らない、身近にある – 身近にない、利益がある – 利益がないなど。 「もし、小さい子がお母さんに心をこめてつくったなら、色画用紙の花も美しい」
4	○全員で、柳宗理デザインの「バタフライスツール」を見ながら、美しいと思うかどうか、またその理由を述べる。	◇『色』『形』『機能』など様々な判断の基準があります。今回のイスは、はだざわりがとてもよくてなめらか、見た目もとても天然で美しいと思いました。
5 【本時】	○全員で、「美しい」は、物の中にあるのか、感じる人の心の中にあるのか、「美しい」の判断基準は何か、などについて対話する。	「3　授業の実際」を参照。 ◇美しいけど嫌いなものはあるか。目に見えない美しさはあるか。美しいは、物の中にあるのか、感じる人の心の中にあるのか。美しいの判断基準は何か。
6	○「美しいって何だろう」について、考えや感じていることを詩に書く。 （詩の構成）谷川俊太郎『生きる』を参考に 第 1 連　美しいと感じた具体的な経験 第 2 連　美しいと感じているとき、心や体はどんな感じ 第 3 連　「美しいって何だろう」の学習の中で見えてきたものや言葉になったこと 第 4 連　美しいとは何かを一言で	☆子ども自身の体験や心情が反映され、それぞれの詩が独特の世界になっていた。休み時間にも掲示されたものをじっくりと鑑賞する姿が見られた。

75

3　授業の実際

(1) 予想された問い

　様々な観点の問いを通じて、一人ひとりが自分の経験と照らし合わせて「美しいって何か」を考える。前時に子どもたちから出た問いを教師が整頓したものを事前に子どもたちに配布し、自分の考えを書き出した。本時で考えることが予想された主な問いは、「美しいは、物の中にあるのか、感じる人の心の中にあるのか」「『美しい』の判断基準は何か」である。

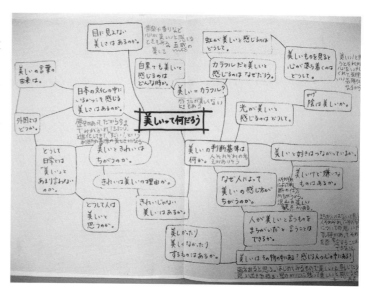

(2) 学習活動

　全員で輪になって座る。

①前時までを子どもの言葉で振り返り、問いを共有する

T：自分が美しいと感じるものは何か。
C1：サグラダファミリアの教会は外からも美しいし、中からもきれいだった。
C2：貝。
C3：真ん丸のもの。
C4：虹とかきれいなもの。
C5：太陽とか光るもの。
C6：陰。
C7：オルゴール。
C8：彫刻。
C9：よく分からないもの。
T：美しいと感じるとき、自分の心はどんなふうか。様子を表す言葉でも、オノマトペでも。
C10：新潟のオリーブオイルで作ったガラスがあるんですけどそれがどうしたらきれいになるのかなって思ったり、黄緑色だから違う色になったりしないのかなって。
C11：雪の結晶って、雪だるまの手みたいにすごく美しいな。

〈教師の視点〉

教師の身体
子どもたちは、「教師の少し前傾で聴く姿勢を無意識に模倣していた」という。教師が真似してほしいと意識的にやっていることも、無意識でやっている行動も、子どもたちは全部見ていて、意識的にまたは無意識に取り入れている。そのことを常に自覚していたいと思う。

①分からないを大切にする
「よく分からないもの」と言える場であり続けることを大事にしたい。

②対話はゆっくり進める
対話のスピードが速くなりすぎたと感じるとき、教師は話を整頓することなどを促し、その場にいる誰も置いてきぼりにならないようにする。

第 3 章　新教科「てつがく」の実践

T：驚きを言葉にしていた人は、ほかにもいたね。

....

◇対話で生まれてきた問いについて、語り合う

C12：美しいと感じる判断基準のことなんだけど。

C13：えっと、判断基準で C12 に付け足し。単位を考えた。

TC：単位！

C13：1 カラカラで、2 カラフルは 100 カラカラで。

C：（ざわざわ）

T：質問して。

C14：それに質問。カラカラって意味ある？

T：今の質問は、カラカラという名前自体に意味があるかということですか。C13 さん、何かイメージとかがある？[3]

C12：特に意味はないんですけども、カラカラにしたのはカラフルという言葉から。

T：たとえば 1m って、長さの基準となる棒があって、世界共通なのね。北海道のおばあちゃんに電話して、ぼく 1m60cm になったよって言っても通じる。1 カラカラはなんて定義する？　みんなだったら。

C14：1 カラカラとかの大きさっていうのは、自分たちの心の中とか、気持ちの中にあってそれが人によってそれぞれ違うと思うんですけども、その基準は人それぞれあって、人によってその基準が違う。

T：1 カラカラっていう美しさの単位ってあった方がいい？[4]

C15：単位があっても通じないと思います。判断基準は違うし、見ないと分からない。

C16：バレエを習っていて、きれいだったねという人と美しかったねという人がいる。

C17：同じものを見ていたのに、違う言い方をする。

C18：1 カラカラ美しかったよと言っても、あんまり相手には伝わらないと思う。

T：自分が美しいと思ったことを分かってほしいなと思ったことや、分かってもらえなかったなということがあるのかな。

C19：相手がうなずいたら分かってもらったって思うけど、うん？って言われると分かってもらえなかったなって。

T：そういうのはどうすればいい？

C20：写真があると美しいって伝わるけど、言葉だけだと伝わる度合いが違う。

C21：言い方が人によって違うんですけども、判断できないんじゃないですか。

C20：それは、話している人の感じ。そもそも、美しいって

---

③
もっと教師は待てたか
普段の「てつがく」対話とくらべ、教師が出ることがやや多い時間だった。参観者に囲まれて、子どもたちが緊張していたことも関係している。教師は、「美しい」の単位を考案した子どもに質問した C14 へ、質問の意図を問い、単位を考案した子どもにより答えやすい質問を言い換えて述べている。これは、やや出過ぎていないだろうか。分かり合えないときに子どもたちが訊き、問い返すことを 1 年間かけて重点的に指導してきたのだから、こここそ、もう少し子どもたちを信じて待ってみてもよかった。

④
美しさの単位について考える
単位の定義は何か、そもそも単位はあった方がよいかを考えることで、一人ひとり美しいと感じる基準が違うこと、自分が感じた「美しい」は他者に伝わりにくいことなどが言語化された。一方で、単位の提案者が感じていたであろう、「さりげなく美しい」から、「光り輝くほどとてつもなく美しい」まで美しさにも様々あるという観点で話し合っても、違ったおもしろい展開になっただろう。

77

伝えるものじゃないと思う。

T：まだまだ話したいね。次の時間に続きを話そう。

・・

③振り返る

C21：自分の美しいと思ったもの。本当に美しいものは日常
　　　にはないと思う。

C22：日常では見ないものを見るときれいだなと思う。美し
　　　いは伝えにくくて、伝えるためのものではないと思う
　　　んです。

C23：美しいは写真で表しきれないものだと思う。

T：今の自分の考え、心に残った友達の考えなどをノートに書
　　きましょう。

> 振り返り
> ・子ども自身の言葉で想起する。
> ・概念の明確化、考えの違い
> 　や一致の気づきなどが表れる。
> ・新たに言語化された自分の
> 　考えや心に残った友達の考
> 　えなどをノートに記述する。

4 ▶ 実践を振り返って

(1) 子どもたちの学び―誰とも語り合ったことがない経験を共有する―

①誰とも語り合ったことがないものを問いにする

　美しさそのものは、自然の中で遊び、芸術に触れて暮らしながら、多くの子どもが無意識に感じ
ている。しかし、芸術系の習いごとをしている子どもたちも、どうやったらより「美しく」なるか
の練習はしていても、その「美しい」とは本質的に何なのかについては、おそらく誰とも話し合っ
てはいない。この問いにしたことで、「この中で誰も答えに辿り着いたことないから、何を言って
も変じゃない。すぐに答えに辿り着けないけど、みんなで考えを出し合っていたら、もやもやの中
からおもしろい考えがたくさん出てきた」という感覚が子どもたちの中に生まれた。

②自分の経験を共有する

　子どもたちは、人の容姿の美醜を超えた本質的なところに向かおうとしていた。自然への畏怖と
も言える、美しいと感じる体験を一人ひとりが語り、そのイメージを互いに質問することで引き出
し合って共有した。日の入りを待って、数時間観察してきたことを語った子。学校の前の歩道橋を
渡るときに見える朝日の美しさを表現した子。麓から登山しながら感じた富士山の美しさを伝えた
子。一人ひとりの実感を共有できた時間には温かな空気が流れていた。

③自己の振り返りの記述としての詩

　各々が美しいと思うものの具体例を集めて描いた画用紙は、既に詩のメモに見えた。『枕草子』
の「ものづくし」のようである。そこで、谷川俊太郎の『生きる』の構成を参考に詩としてまとめ
ることにした。一人ひとりの考えの変遷と実感が目に見える形になり、振り返りを共有することが
できた。

(2) 教師の振り返り―具体的な経験が引き出されやすい問いで始める

　「美しいって何だろう？」のような概念探究の問いがあると、子どもたちはそれをゴールとし
て、話がずれないように意識する。その一方、どう具体的に話せばよいか困り、対話は停滞しがち

になる。別の時間の「タイムマシーンがあったら、世界はどうなってしまうのか」という問いでは、話が具体的になり、断然おもしろくなった。こういった場合、「未来は知らない方がいいのか」「人間はそもそも悪か」「その"人間"の中に自分も入っている？」と様々な「てつがく」の問いが派生してくる。具体的な話を引き出しやすい問いでは、テーマが多岐に渡っていく可能性があり、教師には大きな度量が求められる。しかし、小学校での「てつがく」を考えるとき、後者の素朴で具体的な問いから入ることを大切にしておいた方が、考えが硬直化せず、一人ひとりの経験をもとにした対話がつむぎ出されると感じる。普段から多様な見方や、一つではない答えを大切にした学習をしている子どもたちであっても、ともすると「てつがく」の場において"正しい（ふさわしい）"と思われる問いを出しがちである。自分たち自身の生活の中に「てつがく」はあり、普段の生活の中でも自然に「てつがく」対話をし、考える人を育てるために、どんな素朴な問いでも「てつがく」につながるのだという姿勢を教師が保ち、対話の場を保障していきたい。

（藤枝　真奈）

5年生 |

対話するってどういうこと？

価値内容：他者、世界

---

1 ▶ 問題意識と授業の構想

(1) 授業者の問題意識と子どもたちの実態

　目の前にいる子どもたちは、何かを考えることや、それについて自分の意見をもつことは得意であり、好きである。しかし好きであるがゆえに、言葉ばかりが先に走ってしまい、話のスピードはどんどんと加速していき、置いてきぼりになってしまう子も少なくない。そのようなクラスの状況の中で、「てつがく」の授業を始めて約3ヶ月が過ぎ、私たちのクラスの「てつがく」の授業が形になり、スムーズに流れていくようになった。その一方で、話す子どもが固定化されているという課題も生まれていた。そのようなとき、子どもの中でいつも発言する人が偏っていることや、いろんな人の考えを知りたいという思いから、「なぜ発言しないのか、その人たちを強制指名したい」ということが話題に上がった。

　私は、子どもが現状の課題を想像以上に強く感じていることを知ると同時に、その問いを扱うことで発言しない子どもが余計に居場所がなくなってしまうのではないだろうかと不安だった。そこで、そのことについて、まずは個人で考えを書かせることにした。そうすると、普段は発言しない子どもから、「一年生のときにみんなの前で発言をし、笑われたことから発言しなくなった」「考えていないわけではなく、話そうとすると話がどんどんと先に進みタイミングがつかめないということを分かってほしい」「発言するのが恥ずかしい」「反対されるのが怖い」という思いが語られていた。そこには、子どもたち同士のパワーバランスの偏りや、声の大きいものに意見を言うことを恐れている実態が見えた。また、「みんなの問いだから、みんなで意見を出さないと深まらない」「悪いことではないけどいろんな人の意見も聞きたい」という思いも、また子どもの率直な思いである。学級の課題に関してたくさんの思いが語られたことから、学級の問いとして扱うことにした。

(2) 授業の構想―実践の意図―

　この題材では、子どもの話したいという意志も尊重しながら、一つひとつの言葉、一人の話に耳を傾け、ときには相手に寄り添い、ときには自分の世界から一歩踏み出て、相手が見ている世界にどっぷり浸かってみるという体験を大切にしたい。「発言しない人の意見が聞きたい」「考えていないわけではなく、話そうとすると話がどんどんと先に進みタイミングがつかめないということを分かってほしい」「反対されるのが怖い」などの個々の思いを自分の中でもち続けるのではなく、そのことを相手に伝えることによって、相手の気持ちや立場を知り、その立場に寄り添い、何がよくて何が悪いではなく、いろいろな思いが学級の中にはあることを知り、改めて対話というものをどのように築きあげていくのかをみんなで考える場としていきたい。

第 3 章　新教科「てつがく」の実践

2 授業の概略

(1) 目標（育てたい資質・能力）

・様々な視点から意見が深まるという考えだけではなく、一つの問いから様々な考えに広げることができるという考えを知ることができるようになる。
・お互いの意見を受け止めることができるようになる。

(2) 学びの履歴（全 5 時間）

時	○学習活動	◇子どもの反応・振り返り／☆教師の手だてや思い
1	○「発言しないことは悪いことなのか」をサークルで話し合う。	◇悪いことではないがした方が深まる。 ◇発言したいけど話の展開が早くてついていけない。 ◇発言するのが恥ずかしい。 ◇同じ意見は言わない方がいい。 ◇同じ意見が繰り返されるから深まる。 ◇何も言わない人は壁の外のままだ。
2	○「発言しないことは悪いことなのか」をC1の図を使ってサークルで話し合う。 問いに対して深くなるのは、一つひとつのドアをあけないと入れないという主張。	「3　授業の実際」を参照。 ◇「てつがく」の問いなら、DからでもBからでも入れるのでは？ ☆子どもの話を順を追って整理する。 ☆小さな「？」を減らす。 ☆聞いている側が話を理解できているか確認する。
3	○「てつがくに100％の答えってあるの？」について、子どもTの図を使ってサークルで話し合う。 「銅像があるとします。Aの方向からはAしか見えません。それぞれB、C、Dからも同じようにそれぞれしか見えません。なのでそれぞれの意見を共有することで銅像全部を把握できます」	◇A、B、C、Dの意見がそれぞれが25％もっているとしたら、全部を合わせないと100％にはならないと思う。 ◇100％の答えってどういうこと？ ☆実際に物を使って話を分かりやすくする。

81

4 【本時】	○「対話するってどういうこと？」 今までの話し合いでは【左図】のように真ん中に向かって話していたが、「てつがく」は本当は【右図】のように、真ん中から外に向かっていくものなのではないだろうか。 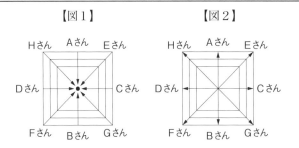	◇こういう考え方もあるよね！ ◇この図のような問いって例えばどんなものがあるだろう。 ☆子どもたちの経験を思い起こさせる。
5	○「深まるってどういうこと？」 深まるってよく使うけど、どうしたら深まったことになるの？	◇対話するっていろんな意見を知ることができる。 ◇深まるって難しい。

3 授業の実際

(1) 実際の授業の概略

- 前時の授業を整理する。
- 前時の振り返りにあった、子どもの図を紹介し、考えを知る。
- 全員でサークルで話し合う。
- 振り返りをする。

(2) 授業の実際

① C1の前時の振り返りに書いてあった図を全体で共有する

【図1】　　　　【図2】

（図：Hさん、Aさん、Eさん、Dさん、Cさん、Fさん、Bさん、Gさんが配置されたサークル図）

C1：【図1】はドアみたいな感じでテーマからいろいろな意見を言い合って、話が深まっていく感じで答えが見つかる感じなんだけど、「てつがく」は本当は【図2】のように一つのものから広がっていくんじゃないかな？

C2：【図2】だと一人でいろんなテーマが混じっている感じがするんだけど、テーマから一人で話を進めている感じなのかな。

C3：ちょっとみんなの意見とは違ってテーマの大事なところ

〈教師の視点〉

①
「発言しないことは悪いことなのか」という問いから始まった「てつがく」のテーマだったが、サークルで話し合いをしていくうちに、C1は「対話のかたち」に注目し、「そもそも対話って……」と図を使って振り返りをしていた。
私は、この図を用いることで、個々のなんとなくもっているイメージを可視化でき、図とくらべることでそれぞれのイメージを共有できるのではないかと考えた。

子どもの伝えたいことを明確に理解したい。

第 3 章　新教科「てつがく」の実践

をみんなで言い合って深まっていく。
T：もう少し詳しく教えてくれる？

② 自分の伝えたいことが周囲に分かりやすくなるように、丁寧に説明することをうながす。

②-1　ぼく（わたし）の考えるてつがくのかたち

C3：（図を書く）池の中に水草と魚がいました。A君は水草の研究を、B君は水の研究を、C君は魚の研究をしていました。これ実際は別々のことだけど、結局みんな合わさってこの池についての話が深まっている。

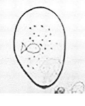

C4：それぞれの研究だったら、反対がないからすーっといっちゃう。

C3：反論があったとしたら、深まっている。例えば、この魚には目玉がある、うろこがある、いや目玉はないと反論するとテーマが深まる。

③ 相手の言いたいことを理解しようとする。相手の世界に踏み込んでみる。

C5：C3が言いたかったことは多分、（図を書く）池というテーマがあって、そこから草っていうのがあって、Aさん、Bさん、Cさんがいて深まっていくということだと思う。

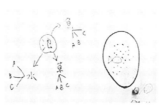

C6：何人もいて話が深まっていくってことかな？
C3：いろいろ合わさって研究していくことで深まっていくのかな。

④ 相手の考えに寄り添う姿が見えた。

②-2　ぼく（わたし）の考えるてつがくのかたち

C7：テーマが知らされたとして、意見が深まっていくっていうのは納得しないとか反論してとか、新たな発見があったりする。まず外側がテーマだとして、意見が出て話し合いが深まる。テーマって変わっていくじゃないですか。どんどん小さくなっていく。だから、ぼくの中では【図1】も【図2】もおかしいかな、と。（同心円を書いて）永遠に地面のないイメージ。

⑤ この子の中にはテーマが移り変わっているようなイメージと、狭く深くなっていくイメージと両方が混在しているように感じる。

②-3　ぼく（わたし）の考えるてつがくのかたち

C6：例えば……、海だとする。テーマは、なぜ海はあるのか。それでAさんが「雨がふったからだ」と話して、Bさんは「神様が泣

83

いたからだ」と説明した。その次にBさんの意見をみんなで考えようとしたとき、今度は「そもそも神様って？」ってなって、テーマからどんどん広がっているのだとぼくは思う。⑥

C8：C6の図に付け足しで、最初は海で、神はどこにいるかになってなるから、C6に賛成です。

C9：もとがあって、意見からさらに意見が広がっていくからC6の意見に賛成。

C10：C9へ質問で、話を深めていくにはいろいろある。「てつがく」は答えがないのだから、そのルートはいろいろあるんじゃないのかな？

C11：「てつがく」って答えがない。無限に話が広がっていく。【図1】だと、テーマがなぜ真ん中にあるのか。テーマって深くなりますか？

C4：C6の案だと最初に「神様ってそもそもなに？」についてみんなで考えていく。次に、神様についての答えが決まったら、海との関係を話していく。そうすると海との関係も深まっていくから、深まっていくと思う。

C5：発言できない理由の一つって、こうやってテーマがころころ変わっていってしまうから、そのことについてゆっくり考えていたら意見が言えないで終わってしまう。

C4：それは、分からなくなったら、前のテーマに戻ればいいことでは？　C1の【図2】とC6の図は枝分かれしていて似ている。

C8：図を立体化する。上から見たら階段みたいになっていて、ここからテーマが出発してどこかにたどりつくのと、テーマに集まっていくのと。だから、C1の【図1】も【図2】も両方あり得ると思う。

C10：ぼく的には池の草、水、魚と三つの話がある。今のこの状態だと、それぞれ調べて意見がある。
　　　みんなが草のことを考えて上までいっちゃった方がいいと思う。全員で考えて深いところにいって、を繰り返した方が、話はより深くなる⑦と思う。脱線はやめた方がいいと思います。

C1：それは例えば草の意見についてある程度深まったら次にいくってこと？

C2：みんなが分かったな、となるまで話した方がいい。

---

⑥ ここでは自分の「てつがく」での経験をもとに語る姿が見えた。ここで初めて今までの経験をもとに語られたことで、なかなか発言できなかった子どもの目の色が明らかに変わった。「てつがく」で、友達の話を想像して考えることが苦手な子どもも、自分の実体験と重なることでより具体物が頭の中に広がったのだろう。友達の意見と自分の考えはどこが重なっていて、どこが違うのかを考えている姿が見えた。

授業時間が限られている中で、様々な対話のイメージが語られた。そのどれも興味深く、一つひとつもっと丁寧に語らせればよかったと後から強く反省した。発言する人が限られてしまうのはここに課題があるのかもしれない。

⑦ 「深まる」という言葉がたくさん使われていたが、そこで一度立ち止まり、「深まる」について学級で共通了解を行うべきであった。

第 3 章　新教科「てつがく」の実践

4 ▶ 実践を振り返って

(1) 子どもたちの学び

　この授業では、図を用いることが多くあったが、そのことで抽象的になりすぎてしまうことや、子どもの図への理解に差があることや、5年生という発達段階では、自分の考えを図にすることで自分の説明と図が矛盾を起こしていたり、一つの図からもいろいろな解釈ができてしまったりすることなど、図を取り扱うにはもっと慎重に吟味していく必要を感じた。以下は子どもの振り返りの一部分である。

> 図は複雑で分かりにくいものもたくさんでました。でも、それを理解した人が自分の言葉で言えばみんなも分かるかもしれない。少しの考えの差で言い合って分かりやすくするはずが分かりにくくなったりもします。でもとてもおもしろいです。

　しかし、ここにもあるように、図を扱うことで、自分の矛盾点に気づくことができたり、図があることで友達の考えていることを理解しようとする手助けの一つになっているのではないだろうか。なによりも、子どもがおもしろいと感じ、意欲的になれることがとても大切である。

　また、発言しないことが悪いのか、よいのかという視点ではなく、話の流れが速く、ついていけない人がいるという現状も理解し、一つずつゆっくりと進めることで、それぞれについても深めることができるし、みんなで一緒に理解しながら進めていくことの大切さに気づくことができた。また、この題材について考えることで、自分たちの「てつがく」の話し合いの進め方がどのようなものであって、どのような進め方がよいのかを考えるきっかけともなった。

　この授業を通して、自分との意見の違いだけに注目するのではなく、友達の意見に寄り添い、まずは理解してみようとする姿がよく見られるようになった。

(2) 実践の課題と今後の展望

　この実践では、学級の現状に子ども自身が満足せず、もっとこうしたいという思いを伝え、それに対して様々な個々の考えを交流できたことはとても大きかった。そして、その中でどれが正解かを探すのではなく、相手の立場になって一緒に考えてみたり、自分の疑問を相手に伝えたりすることで、共感できる部分や重なっている部分を見つけることもまた、「てつがく」の授業の一つの在り方だと感じた。

　しかし、図を多く用いたことで、抽象的な話が多くなってしまい、子どもの実体験にもとづいたものが少なく、話ばかりが先に進んでしまう時間が多くなってしまった点は大きな課題である。また、この問いを扱っていく中で、とある子が図を使って説明し始めたことによって、自分の中にあるもやもやとしたものを図で表さなければいけないという気持ちに子どもたちを追いやってしまった点は反省点である。

　今後も子どもの声を大切にしていきながら、様々な考えが全体の場で共通できるような空間の工夫を続けていくとともに、子どもの中のもやもやを大切にじっくりと扱っていきたい。

(下田　愛佳里)

6年生

ロボットに心をもたせてよいか

価値内容：自己、世界

1 ▶ 問題意識と授業の構想

(1) 授業者の問題意識と子どもたちの実態

　子どもたちが「てつがく対話してみたい問い」を付箋に書いて出し合い、分類しタイトルをつけた。その中で、一番子どもたちの興味が高かった問いは、「心」に関係する内容だった。

　あらためて、「心」というキーワードから、それに関連した問いをつくる時間を設けた。子どもから出てきた問いの中で、特にみんなで対話したいと挙がった問いは以下の通りである。

> ・ロボットに心をもたせてよいか　・心があると何ができるのか　・死んでも心は残るのか
> ・心と心臓の違いは何か　・心と脳の違いは何か　・心はどこにあるのか　・心とは何か
> ・心とは何をする場所か　・相手の心は読めるのか　・心と気持ちは関係あるのか
> ・心とは感情なのか　・心のマークはなぜハートが多いのか　・まごころと心は違うのか

　この中から一番話し合ってみたいという人数が多かった「ロボットに心をもたせてよいか」という問いで本時はてつがく対話を行うこととした。

(2) 授業の構想―実践の意図―

　「ロボットに心をもたせてよいか」という問いを考えるためには、この問いの答えを導き出すための問いが複数必要になってくる。例えば、「ロボットに心をもたせることはできるのか」「心とは何か」「心はどこにあるのか」……と問いを細分化していくことで、より根源的な問いへと変化させていく。最初の問いは、複合的な問いと切っても切れない関係にあると考える。問いが対話の中で変化していくと考えられるが、その都度教師が「今何について対話しているのか」と論点を整理しながら、子どもたちとのてつがく対話を楽しみたいと考えた。

　「ロボットに心はあるか」ではなく、「ロボットに心をもたせてよいか」という問いは、近い将来訪れるであろうロボット工学が発展した世界を考えていく上で、重要な問いである。現在、ロボット工学の発展で、ペッパーのような「感情エンジン」という高度な人工知能が搭載されているロボットや、自動運転装置搭載の自動車など、ロボットが意思をもったり、判断したりすることが可能となってきている。今後、人間の仕事はどんどんロボットが行うようになっていき、現在ある仕事の多くはなくなるという予測もある。ロボットが人間に近い存在になっていることは間違いない。人間とロボットが共存できるのか、ロボットが人間を超える日は来るのか、目が離せない問題であり、哲学者、科学者、倫理学者などが今も議論を続けている問いである。

第3章 新教科「てつがく」の実践

2 授業の概略

(1) 目標（育てたい資質・能力）

・「ロボットに心をもたせてよいか」という問いについて、他者と対話する中で、自分の考えを深める。また、問いについて考えるための前提をそろえながら、他者との考えの違いを楽しむ。

(2) 学びの履歴（全5時間）

時	○学習活動	◇子どもの反応・振り返り／☆教師の手だてや思い
1	○自由に問いを出し合い、分類する。	☆子どもから出た問いを分類すると、「心」に関係する問いが多かった。
2	○「心」というキーワードから、問いをつくる。どの問いで、次時にてつがく対話を行いたいか決める。 	子どもたちから出された問い ◇心と脳の違い ◇心と心臓の違い ◇心はあるのか ◇心ってどこにあるの？ ◇心とは何か？ ◇心は何をする場所？ ◇死んでも心は残るのか？ ◇相手の心は読めるのか？ ◇心と気持ちは関係あるのか？ ◇ロボットに心をもたせてよいか？ ◇心は感情なのか？ ◇まごころと心は違うのか？ ◇心があると何ができるのか？ ◇心のマークはなぜハートが多いのか？
3	○「ロボットに心をもたせてよいのか」という問いを出したMさんの意見を聞いてから、その問いに対する自分の考えを書く。 Mさんの考え…「ロボットに心をもたせると人間が支配されてしまうかも」という意見があるが、どうなんだろう？	☆もたせてもよい・悪いという意見だけでなく、そもそも「ロボットは心をもつことはできないのでは」という意見もあった。 また、もたせてよい条件や、心をもったときのメリット・デメリットについて考えている子どももいた。 ☆「心をもつ」ということについても、それぞれの解釈があった。 「心をもつ＝感情をもつこと」、「心をもつ＝考えをもつこと」などと考えている子どももいた。 【子どもの記述より】 ◇ロボットが心をもったら人間とロボットはもっと仲良くなれると思うけれど、反対に憎しみや妬みもあるし、人間も昔殺し合いをしていたからロボットも人間を殺してしまうかもしれないので、もたせない方がいいと思う。

87

		◇私は、ロボットが心をもつことで悪いことを考えることがないならだめだとは思わないけれど、もしそうなったら人間とロボットがほとんど変わらなくなってしまうと思います。 ◇まず、心をもたせることは可能なのか？　可能だとしたらよくないと思う。なぜなら、私も人間が支配されたり、ロボットの世界になって人間は何もしなくなり、人間が壊れてしまうかもしれないからそれは怖い。 ◇道徳と明るい感情はもたせていいと思う。なぜなら、道徳があるなら、悪いことはしないし、大金持ちにアマゾンの森林をすべて切れと言われても断れるなど打算的でないよい判断ができるから。悲しみはあっていいけれど、そこから発生する憎しみはだめだと思う。でも、憎しみ、嫉妬などふくめて心だから、心すべてをもたせてはいけないと思う。
4・5 【本時】	○サークルになって、てつがく対話を行う。	「3　授業の実際」を参照。

「ロボットに心をもたせてよいか」（論理的構造）

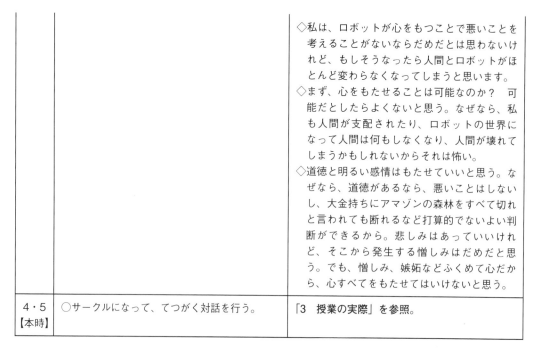

3　授業の実際

(1) 学習活動

① 問いの確認

問いについて提案したMさんから、なぜ「ロボットに心をもたせてよいか」という問いを立てたのか、理由を聞くところから対話をスタートさせた。

M：この問いを立てたわけは、ロボットに心をもたせる取り組

〈教師の視点〉

① 「ロボットに心をもたせてよいか」という問いについて考える際、前提となることを共通理解しないと対話が深まらない。

第3章　新教科「てつがく」の実践

　　みはいろいろあるけど、ロボットに心をもたせたら何か悪いことがおこるっていう一説があるから、みんなはどう考えているか気になってこの問いを立てました。
T：Mさんはどう思ってるの？
M：私は、心はもたせてはだめだと思うけど、良心とか道徳とかはもたせてよいと思ってて、心ってなんか怒りとかダークなものも含めて心だから、心っていうすべてのものはもたせてはいけない。
C1：ロボットってざっくり言っているんですけど、ロボットって二種類あるじゃないですか。まず、最近は人工知能というのと、生産用ロボットとか、そのまま同じ行動を繰り返すとか。そういうのがあるじゃないですか。まずそこの区別をしないと、ダメなんじゃないかな。

　C1は、ロボットにもいろいろな種類があるから、まずはどのようなロボットについて話し合うべきか、問いについて確認している。このような発言をきっかけに、前提となることを一つひとつ確認しながら、ゆっくり対話を進めていくきっかけとなる発言だった。②

　また、この後、「心は感情なのではないか」「心とは知能のことである」など、子どもたちから様々な定義が出てきた。③

②本時の問いに対して、よいか悪いかを判断するためには、「心とはなにか」「どのようなロボットなのか」などを確認していくことが必要であった。しかし、確認せずに対話を続けてしまったので、深まっていかず、話題が拡散してしまった。また、確認せず進むことによって、対話のペースが速くなり、ついていけていない子どももいたと考える。このような場合、まずは、教師が、「この問いを考えていくためには、どんなことを確認しなくてはいけないかな」と発問し、対話のスピードを落とすことも必要だったと考える。

③授業後に子どもが書いた振り返りの中にも、最初の問いを考える為の前提となることについて考えるべきだったとメタ的に対話を振り返っている記述があった。
Aさん…サークルをしているとき、この問い以外に、「心とは何か」「ロボットっはそもそも必要か」「ロボットの種類は？」「心ってそもそもないんじゃない？」「心ってどこにあるの？」というたくさんの問いがありました。「心」といってもどういう心をもたせるのかによって、ロボットに心をもたせてよいか悪いかが決まると思います。まず、心とは何か？から考えたらよいと思いました。

◇根源的な問いを問う

C2：ぼくは、今まで言ってたことに反対するようなんだけど、心っていうのは架空の存在、だって、心っていう部位はどこにもないじゃないですか。心臓は心臓だし、頭は頭だし。感情を考えているのは、脳のどっかで考えていると思うから、それを心で出しているって例えているだけで、だから、心っていうのは架空の存在で、今はないから、ロボットにもたせるのは、心というよりは頭と

89

か脳みそ。

C3：心は、たとえ架空の存在でも自分の中にあると思って、心の中っていうのは胸とか思いにある。心ってなくても感じられるもの。ほんとに、体の中に感じられる。

C4：私も感じられると思って、嫌なことがあるとおなかが痛くなって……。

T：みんなの意見を聞いていると、二つの考えがあって、一つは心は架空のものだっていう話がでたよね。そこから心はどこにあるのかって話になったよね。脳みそなのかな。心ってどこにあるのかな。④

C5：心ってただただ名前をつけただけで、人間の体で考えると……。心は脳みそ。人間の体で考えるって言ったら、脳みそしかない。心は脳。

C6：ぼくも、C5と同じで、別に足の裏では考えないし、心臓は、血を送っているだけで、ものを考えているわけではないし、考えているわけではないから。でも、ものを考えているのは脳の全体ってわけではなくて、右脳とか左脳とかいろいろあるけどその一部だけ、感情とかを心ってまとめて表現しているだけで、でも、やっぱり心って言葉としてあるだけで、実際に存在しない。

C7：心ってレントゲン撮って映るとかではないし、心って本当にはない。

C8：心っていう感情とか……。さっき心って何かって話題になって、心って感情って。感情は感情、心は心。

C9：心っていうのは、頭にあると思っていて、なになにだから悲しいとか、そういうのは脳でやるから、心は脳にあるのかなって。

C10：ぼくは、体のいろんなところに心はまとわりついていると思う。えーっと、なんか、嫌なことやるとおなか痛くなったりするときがあるじゃないですか。ぼくなんか、思いっきり疲れたりすると風邪ひくんで、そういうことで、心が、嫌なことを言われたりすると反応して自分の体を傷つけさせたりするんじゃないかな。

C11：C10が言っていたようにどうして心は体にまとわりつくって思うんですか。⑤

C12：はい、さっき言ったように嫌なことされて胃とか痛くなったりするからそれに心が反応しているんじゃないかなって。

④ 本時で考えさせたい問いは、「心とは何か」ということであったが、初めからそのような問いを立てるのでなく、子どもの中から出てきた素朴な問いを最初の問いにすることで、楽しく対話を進めていくことができると感じた。その前提となることを確認していく中で、「心とは何か」という根源的な問いにたどり着くと考えた。

⑤ 言葉を大切にし、丁寧に話し合っていくことで、他者の考えを聴き合い、安心して対話できる空間が生まれる。他者の意見が自分とは違っていても、一度受けとめ、あらためて自分の考えを問い直してみることが大切であると感じた。そのためにも、他者の意見に寛容になることが必要である。

第 3 章　新教科「てつがく」の実践

③仮説を立てて思考する

C13：ちょっとグロい話になるかもしれないんですけど、脳を移植してほかの人になったら、今まで見た人の記憶とかがなくなるし、ていうか脳の持ち主の記憶になるじゃないですか。だから、感情も変わると思うから、だから、脳に感情があると思います。

C14：例えば、学校の先生をロボットでやるとします。そしたら、おもしろい先生は絶対心がないと無理だし、ロボットの場合は知識だけだと、これを勉強しなさいだけで終わってしまうから、ロボットは知能だけでもいいし、ロボットも使い方によっては……。

> ⑥ 子どもたちからいくつかの仮説が出された。思考実験をすることで、具体的な場面と抽象的な場面を往還できれば、思考が深まっていくきっかけになったはずである。しかし、このような仮説に対して答えるのではなく、別の考えについて発言が続いていってしまった。教師が、仮説を取り上げ、全体に共有したかった場面である。

4 ▶ 実践を振り返って

(1) 子どもたちの学び

> Hさん…私は、C10の考えと少し似ています。C10の場合、心が体についていると聞きとれます。しかし、私は、心で思ったことが体に伝わるのだと思います（友達の意見と自分の意見の比較）。
>
> Kさん…C10の発言で心がどこにあるのかよく分からなくなってしまいました。私は、心は頭にあると考えていたけれど、脳とか全身とかいろいろな意見が出たせいで、よく分からなくなってしまい、心はどこにあるのかみんなで話し合いたいです（友達の意見によって、自分の意見を再確認し、問いについてもう一度考える）。

　授業者も含め、多くの子どもがC10の「体にまとわりついている」という意外な考えに出会うことで、体と表裏一体となった新たな心のイメージを考えることができた。さらに、思考を続ける過程において、「心というものをどう定義するのか」、「存在するとはどういう状態なのか」といった問いにたどり着き、次時ではこれらの根源的な問いの重みを子どもたちとともに実感するに至った。

(2) 実践の課題と今後の展望

　本時を行う前に問いを深めるための構想図を考えたり、実際に大人同士が同じ問いでてつがく対話を行ったりと教材研究をした。しかし、そのことで、無意識ではあるが対話の流れをコントロールしていた部分があると思う。事前に教師自身が問いに対して自分の答えをもつことや、問いの細分化を考えることはよいことだが、本時ではそれらのことを一度白紙にし、子どもたちの声をじっくり聴くという姿勢がファシリテーターとして大切なことであると感じた。自分の中で固まっていた考えが揺さぶられて解きほぐされていく感覚。それがてつがく対話の楽しさだと思う。一方的に子どもに教えるものではなく、ともに考えることを通して、さらに新しい問いが生まれ、もっと考えてみたいという意欲につながるのだと実感した。

（岡田　紘子）

6 年生

やさしいかたち

価値内容：世界

1 問題意識と授業の構想

(1) 授業者の問題意識と子どもたちの実態

本実践は、5月に行ったものである。同じ学校で生活して6年目となる子どもたちにとって、既に知っている子ばかりではあるが、クラス替えがあったことで、まだ周りの友達の様子を気にして発言したり、少し自分をよく見せようとしてできるだけ「正しい」発言をしようとしたりする子どもの姿があった。そこで、子どもたち同士がまったく違ったことを言ってもおかしくない題材を扱いたいと考えた。

「てつがく」の授業では、子どもたちの身近な問いを扱うことを大切にしている。そのため、子どもたちから出てくる問いをスタートにして、授業が進められることが多い。しかし、それだけではなかなか扱われることのない内容もある。そこで、普段あまり扱われない内容に挑戦しようと考えた。また、子どもたちの問いからスタートすることで、対話では自ずと子どもたちの生活経験に触れることが多かった。高学年になると、自分の個人的な話はしたくないという子どもが出てくる。そこで、生活経験に触れなくても話し合える内容を扱いたいと考えた。

「てつがく」の授業は、授業者や学級によって、同じ題材を扱ったとしても授業の内容や雰囲気にそれぞれのカラーが出る。そこにおもしろさがあると私は考えている。子どもたちと、私とで創る6年4組らしい「てつがく」を目指していきたい。

(2) 授業の構想―実践の意図―

「身近な問い」を、「子どもたちが具体的なイメージをもちながら話し合うことのできる問い」ととらえ、本単元で扱う問いは教師から提示することにした。問いを考える上で、配慮したことは以下のことである。

・子どもたちにとって、多様な考えが出てあたり前だと感じられる問い
・子どもたちからは出てこない、生活経験が話題の中心にならない問い

以上のことを踏まえて、「やさしいかたち」について扱うことにした。「やさしい」と「かたち」という言葉は、一般的には一緒に使われることはない言葉である。そのため、何を「やさしいかたち」としてとらえるかは、子どもによって違っていて当然である。また、普段の生活から離れ、自由に考えることもできるだろう。

さらに、「やさしい」に焦点化させるのか、「かたち」に焦点化されるのかについて、「かたち」に焦点化された場合、授業者のカラーが前面に出ることも予想される。

子どもたちがどのようなことを言い出すのか、楽しみながら授業を進めていきたい。

第3章　新教科「てつがく」の実践

2 授業の概略

(1) 目標（育てたい資質・能力）

・厳しい現実から離れ、思考することを楽しむ。

・友達の考えを受け止め、自分の考える「やさしいかたち」について思考を深める。

(2) 学びの履歴（全5時間）

時	○学習活動	◇子どもの反応・振り返り／☆教師の手だてや思い
1	○校庭に出て、各自「やさしいかたち」を探す。 ○見つけた「やさしいかたち」を画用紙にまとめる。	◇一人で歩きながら考えている子や、友達と一緒に芝生に座って考えている子など、思い思いの方法で取り組んでいた。 ☆何を選んでいいか分からず、迷っている子どももいたが、焦らずに、迷っている時間を大切にするため、授業者は最終的に見つからない子どもがいてもよいという前提で進めた。
2	○前時に見つけた「やさしいかたち」について、班で共有する。 ○ノートに友達の意見で印象に残った内容をまとめる。	◇多くの子どもたちが「なんで？」と質問しながら友達の話を聞いていた。 ☆なぜそれを「やさしいかたち」を考えたのかということが話題の中心だった。 ☆授業者は、相手の言いたいことを分かったつもりになるのではなく、丁寧に聴いてほしいと考えていた。
3・4 【本時】	○「やさしいかたち」について学級全員で話し合う。	「3 授業の実際」を参照。 ☆3時間目では、対話の中に曖昧な部分があったが、様々な内容に触れたことで、4時間目には「かたち」に焦点化しながらも、多様なものの見方ができるようになっていた。 ☆「たんぽぽの綿毛」など具体物を例に挙げ、「丸」や「円」という言葉を吟味しながら使う様子が見られた子どもたち。表現が変わっていくことで考えも深まっていった。
5	○これまでの授業を振り返り、「やさしいかたち」についての考えをまとめる。	◇子どもたちの振り返りには、友達の考えの中で共感できる点について記載しているものが多かった。また、友達の意見を聞いて、自分の考えがどのように変化したのかを書いている子どももいた。 ☆1時間目から考えがあまり変化していない子もいたが、説明の仕方が詳しくなり、具体例を複数挙げるなど、記述の内容は変化した。 ☆自分では気が付かなかったものの見方やとらえ方について、強く印象に残る傾向が感じられた。

3 授業の実際

(1) 授業の概略

・本時の話題の中心となるもの（たんぽぽの綿毛）を取り上げる。

・具体物（たんぽぽの綿毛）について語り合いながら、「やさしいかたち」について考える。

(2) 実際の授業

① 「やさしいかたち」の紹介

　前時をもとに、「やさしいかたち」だと思っているものを紹介するところから始めた。

C1：私がいいなって思ったのは、ほかにもいたんですけど、たんぽぽの綿毛っていう。

C：そうそう。

C：だよね。

C1：なんか、やさしいオーラが出てるんです。私はやさしいんです、みたいな。

　C1から「たんぽぽの綿毛」という意見が出るとすぐに、同意するような発言が多く聞こえた。

② 「やさしいとやわらかい」の関係から「見た目」へ

　C1の発言を中心に、子どもたち同士の対話で授業が進んでいく。

C1：普通の花ってたんぽぽと違って硬いっていうか。なんか、例えば、たんぽぽだったら、綿毛で、すぐ飛ぶっていうか、やさしい感じがするんですよ。普通の花だと、綺麗っていうのはあるんですけど、硬いイメージがあるんです。くらべたらなんですけど。

T：ってことは、綿毛は、硬くないってこと？

C1：はい。やわらかい。

C：ふわふわしたのが、やわらかいみたいな。

C：だから、やさしいかたちって、形自体、さわった感じが形じゃない。

C：そっか。

C：でも、はい。俺はやわらかい感じがする。

C：まんまるだし。

〈教師の視点〉

① 本時の話し合いが抽象的になりすぎないように、話題の中心として取り上げる具体的なものが出てきてほしいと考えていた。

② 「たんぽぽの綿毛」が出てきたことで、本時を「たんぽぽの綿毛を、なぜやさしいかたちと考えたのか」を語り合う時間にしようと考えた。

③ この段階では、教師が特に声をかけなくとも、子どもたち同士で自然と対話が進んでいった。

④ C1を中心としながらも、C1の考えに共感している子どもたちも自分の考えをつぶやくことで授業が進んでいった。教師は、C1の考えを全員が理解できているか不安だったので適宜質問しようか迷っていたが、実際には、子どもたちの対話だけで、理解が進んでいった。

⑤ 「やさしい」から「やわらかい」という言葉が出てきたことで、

第3章　新教科「てつがく」の実践

C：だから、例えば……宇宙人が初めて水を見たとき、宇宙人が初めて見て、これはやわらかそう、でも触ってみて固かったら、やさしくないと感じる。

C：たんぽぽの綿毛って、なんか、見た感じなんか、やわらかい感じがする。

C：たんぽぽってこと知ってるんだからさ。

C：知ってる前提で。形自体……。

C：見た感じなんかさ……。

C2：私的にはなんですけど、ふわふわっていうのは、形で、見た感じの雲とか、かたちのふわふわ。綿毛っていうのは、細かい毛がたくさんあって、こんな感じになってるから、わたしは、ふわふわって聞いたときに、触った感じより、見た目の感じ。

「さわった感じ」という発言につながり、「見た目」について焦点化されていった。

⑥「やわらかい」から、「やわらかそう」と表現が変化し、「見た感じ」など、見た目について話しているということが子どもたちの言葉からも明確になってきた。

③「飛んでいる、くっついている」から「部分と全体」へ

C2：たんぽぽの綿毛って飛んでるときとくっついているときで違うと思うんですけど、くっついているときは、やわらかいイメージだけど。飛んでいるときは、ふわふわしているから、形がふわふわ。飛んでいることによって、ふわふわしている。

この発言後、教師から「やさしいかたち」として考えていたのは、たんぽぽの綿毛がくっついている状態か、飛んでいる状態かを子どもたちに問いかけ確認した。ほとんどの子どもは「くっついている状態」をイメージしていた⑦。

C2：たんぽぽの綿毛が茎についている状態は、完全に円じゃないですか。だから、なんか、みんな同じ感じだから。表面が均等に丸くなってる感じだから、みんな、なんか綺麗だなって。形が決まってなくても、見たときに、綺麗な丸だったらいいのかな。

C：C2君に付け足し。さっき、誰かが、綿毛の1個が綺麗とかそういう話になったとき。綿毛っていうか、たんぽぽの綿っていうのは、まとまってるから綺麗に見える。1個じゃなくて、同じものでもまとまってるから綺麗に見える⑨。

T：集まってるってこと？

⑦C2の発言でたんぽぽの綿毛が「飛んでるとき」を想像していた子どもと、「くっついているとき」を想像していた子どもがいることが明らかになった。片方だけを想像していた子どもにとって、もう一方を想像している子どもがいると知ることで、本時の対話における前提が揺らぐことになる。子どもたちの対話だけで、前提を確認することは難しいと考え、教師からどちらを想像していたのか問いかけることにした。

⑧「飛ぶ」ということがふわふわしているという意見から、「くっつく」ということに焦点化した。

⑨「くっついている」ということから、「まとまっている」から綺麗という話に変化していった。しかし、聞いている子どもたちはよく分からないような表情をしていたので、教師が積極的に質問した。

C3：たんぽぽの綿毛1個だったら、ぼく的にはあんまり綺麗
　　だとは思わないんですけど、例えば、集めてみたら、綺
　　麗だったりするじゃないですか。

T：C3君は、その状態が、やさしいかたちって言っているのね。

C3：パズルみたいな、ピースみたい。

C：それをいっぱい集めて、なんかひとつに。それはそれで、
　集まって、できた。

C：C3君に、付け足し。やっぱり、集まってた方が丸くなるから。

C4：たくさん集まるとやさしいかたちになるって言っている
　　じゃないですか。違うかたちで例えると、例えば光る球が
　　あるとして、光る球を集めて、めちゃくちゃ集めると、逆
　　になんか、やさしいっていうよりは、違う印象を受ける
　　じゃないですか。明るいとか、明るすぎて元気とか。そう
　　いう表現。だから、集まればいいのか……。

C：質問。黄色の球はやさしいかたちなんですか。

C：光るビー玉みたいな形が……。

C4：うんと、うんと、集まれば、必ずやさしいかたちになる
　　んじゃなくて、集まると違う印象になっちゃう。単品で
　　見るとなんか、ちっちゃな毛が生えてるな、かわいい、
　　なんか、それが集まると、なんかやわらかい形になるか
　　ら。なんか、やわらかいの、やさしいの一歩前。

> ⑩ ある子どもの意見を、周りの子どもが「付け足し」として、同意しながらも、自分の意見を語っている。このように複数の子どもが表現することで、話題の中心がはっきりしていった。

> ⑪ C4は、伝えたいことはあるもののうまく表現できず、自分の考えを伝えきることができないようであった。周りの友達の質問に答えながら、徐々に表現を変更し、繰り返し伝えることで、ほかの友達の考えも伝わっていく。

④ 「はっきりしているものとぼやけているもの」と「円」

C5：私は、綿毛は丸くてもとげとげしたかたちでも、やさし
　　いかたちには変わりないと思うんですけど。理由は、な
　　んか、こういう建物って線みたいなのがはっきりしてる
　　けど、綿毛ってそういう線みたいなのが、なんかない
　　じゃないですか。ふわふわしてるので。

T：もう一回。

C5：建物だと、こういう線があって、どこからどこまで、枠
　　組みがこんな感じで、みたいに決まってるんですけど。
　　綿毛は、あんまりそういうのが決まってなくて。ふわふ
　　わしてる感じだから、そういうのが、丸と、星みたいに
　　とげとげしてるやつとかも、そういうのは、私は、やさ
　　しいかたちなんじゃないかなって……。

　授業者は、この発言に対して、「はっきりしないのに、綿毛は
丸いのか」と問いかけた。子どもたちからは、「丸に近い」「球に
近い」「自然な球」などの発言が出てきた。さらに、「あいまいな
感じの球」「完璧な球じゃないけど」といった発言も出てきた。

C6：円っていうのは、算数的に言うと、円の半径が一緒でっ

> ⑫ このあたりから、本時1時間で話をまとめることは難しいという思いが授業者の中に出てきた。ある程度進めておきたいという思いと子どものペースを大切にしたいという思いがあったが、進めようと決断し質問を増やしている。しかし、うまく進ませることができなかった。

> ⑬ C5の発言後、授業者は「はっきりしないのに、これは丸いのか」と問いかけることで、「丸い」ということに焦点化されることを期待していた。しかし、実際には、意見が広がってしまい、焦点化はされなかった。

第 3 章　新教科「てつがく」の実践

ていうのが、あるじゃないですか。でも、円って、丸くって考えれば、まあるくなれば、だいたい円っていうか。サークルになってくださいって言われたら、いちいち直径測ってってやらないじゃないですか。丸く囲んで座れば、みんなだいたい円っていう考え方があるから。自然の円っていうのは、もしかしたら、直径が全部おんなじ円もあるかもしれないけど、線じゃない。たんぽぽの綿毛っていうのは、線じゃない。綿毛が全部つながってるわけじゃない。だから、自然な円っていうのは、いろんなものが、組み合わさって、まあるくなってれば円。

その後、間が空いているもの、点線で描かれているものは円と言えるかという話題になり、授業は終わりの時刻になった。

> ⑭ この発言は、私は正しく理解できていなかったが、子どもたち同士では理解できていたようで、授業後に話題になっていた。

> ⑮ C6 の発言にある「サークルになって」とは全員で円になって座ることを指しており、「てつがく」の時間は、このような状態で対話を進めることが多い。C6 は人が集まってつくった「円」を「自然の円」としている。そして、このサークルも綿毛も「全部つながってるわけじゃない」が「円」だと述べている。

4 ▶ 実践を振り返って

(1) 子どもたちの学び

　本単元で子どもたちが対話した内容は、「てつがく」や「算数」の既存の学習内容と照らし合わせると、これを学習したのだと明確に示すことが難しい。しかし、そのよく分からない内容でも、子どもたちは対話し、思考することを楽しんでいた。分からないからと投げ出すのでなく、考えてみたら楽しむことができたという経験が子どもたちの中に残ったことに一つの価値があると考える。

　さらに、問いを工夫したことで、子どもだけでは考えない内容について触れることができた。普段の生活の中で、「このかたちって……？」のように考えることはまずないだろう。このような時間をもったことで、数学という学問を多少意識しながらも、現実から離れて抽象的で空想的な世界について自由に考え、語ることができた。一つの問いをもとに、何か正解のようなものを目指すのではなく、ただ対話を楽しむということができたと考える。

　常に現実の自分に向き合い続けることは苦痛を伴う。ときには、本実践のように、現実から離れてのんびり考える内容があってもよいと感じた。

(2) 実践の課題と今後の展望

　学年が進み、「てつがく」の授業に慣れてきた子どもたちは、「『てつがく』とはこのような授業である」とか、「『問い』はこのようなものでなくてはいけない」など、「てつがく」に対して、ある種の固定観念をもつようになってくる。そのため、本実践のような「やさしいかたち」を考えるということを、「てつがく」の問いとして適切ではないと考える子どもが出てくる。

　子ども自身が対話を進め、思考を進めていくことを大切にしながらも、子ども自身が思考を狭めてしまうことがある。子どもの思考の範囲を広げ、普段触れることのできない世界に触れるきっかけをつくることは、教師の役割であると考える。子どもの実態に合わせて、何を子どもにゆだね、授業者が何を発問するのかは今後も課題である。

(河合　紗由利)

COLUMN
「てつがく」の構想に改めて思うこと

　昨年度末にお茶小を退職してから、早いもので半年が経った。在職中は、新教科「てつがく」構想部会の一員として、「てつがく」で育む資質・能力や目標、カリキュラム、授業構想について研究してきた。その中で感じたことは、「てつがく」が始まる前からお茶小が大切にしてきた、"一人ひとりが自ら主体的に学ぶ子どもの姿"の意義である。

　現在勤務している小学校は、「道徳」の研究推進校である。そのことから、少なからずお茶小在職時の自分の研究とのつながりを感じた。そこで、本コラムでは、公立学校で実践されている「道徳」の授業を、「てつがく」の視点で観ていきたい。

　現行の「道徳」では、教員は一つの教材を1単位時間で扱う、及び一つの教材について一つの内容項目（「てつがく」では"価値内容"）を扱うという授業スタンスのもとで教材研究を行い、発問の工夫や話し合いの場面を検討し、板書計画を立て、実際の授業に臨んでいる。その際、教員による内容項目の押しつけにならないように留意している。また、関連する内容項目にも目を向けている。それらは、"主体的・対話的で深い学び"としての「道徳」、及び「考える道徳」・「議論する道徳」への転換を図った学習指導要領にもとづくものである。実際の授業では、教材に対して真剣に考え、話し合いに積極的に参加する子どもたちの姿が多く観られる。

　しかしながら、学習指導要領の構想にはまだ十分に届いていないと私は考える。その背景にあるのは、先述した授業スタンスであろう。

　「てつがく」の授業構成では、複数時間をかけて一つの価値内容と向き合っている。それゆえ、子どもたちの対話もまた深まっている。「道徳」でも、そうした授業構成を必要に応じて取り入れた方がよいと私は考える。学習指導要領においても、一つの内容項目を2単位時間にわたり指導する方法が示されている。私の学級（1学年）で行った「友情、信頼」の内容項目を扱う「友達づくり」を題材にした授業では、子どもから「友達って何だろうね？」という発言が挙がった。友達を自明のものとして扱う授業なら1単位時間でも完結できるだろうが、「そもそも友達とは何か？」について議論するなら、1単位時間では十分とは言えないだろう。

　1単位時間で完結することは、扱う内容項目に教員が縛られることにも繋がる。先述したように、教材研究の際には関連する内容項目についても触れているのだから、それを生かす方がよい。また、子どもたちの対話からも、関連する内容項目に関する発言が少なからず挙がる。先に紹介した「友達づくり」の授業でも、「友達とは何か？」について対話する中で、「親切、思いやり」や「正直、誠実」、「相互理解、寛容」などの内容項目にかかわる発言が挙がった。これは「てつがく」における価値内容の越境であり、「道徳」においても必要に応じて内容項目の越境を躊躇わずに授業を行う方がよいと私は考える。それにより、対話もまた深まると言えよう。

　学習指導要領の構想にもとづくならば、「道徳」がもつ授業スタンスの転換が求められると私は考える。そのために、お茶小の「てつがく」が掲げる構想を「道徳」に取り入れることも一考の余地があるのではないだろうか。研究開発2年次の公開研究会の際、構想部会への感想の中で「道徳で見えなかったものが、てつがくで見えてきた」というものがあった。公立学校に異動した私もまたその感想と同じ思いを抱き、「てつがく」の意義を再認識しつつ、コラムの筆を置きたい。

（東京都・江戸川区立清新第一小学校　戸張純男）

第4章

"てつがくする"
各教科の授業づくり

子どもとともにつくる、「ことば」の学び

1 「国語」における"てつがくすること"

　国語と「てつがく」には大きな共通点がある。双方とも、「ことば」を主な対象として学習している点である。あまねく国語の時間は言葉を用い、言葉を対象として授業が展開される。子どもたちは、言葉によって自分の学びや友達の学びが深まったり広まったりすることを日々実感しながら、学校生活を送っている。「てつがく」の授業はどうか。本校の「てつがく」は、子どもたちの対話をもとにして授業が展開されることが多い。対話が展開された空間では、他者の声を受け止め、自分の中に湧き起こってきた考えを言葉にして表現することが繰り返される。これは、国語の授業で話し合い活動をしている様子とよく似ている。

　重なる部分の多い「国語」と「てつがく」であるが、「てつがく」にくらべ、国語では「ことば」に比重を置いている。言葉の「働き」「幅広い意義」など、言葉を用いて考えることは「てつがく」と似通っているが、「言葉そのもの」へ意識を向けることに国語の特質がある。

　では、「国語」において"てつがくすること"の要素を入れるためには、どのような授業が考えられるだろうか。本校の「てつがく」が目指している子どもの姿である「問いを多面的に考え、対象や立場を変えながら考え続けること」に寄せて考えてみたい。「てつがく」の授業における問いのほとんどは、子どもたちの日常生活から生まれる。自明と思っていたことを問い直し、自分の考えを見つめ直していくのが「てつがく」である。「国語」の授業では、文章や授業中の子どもたちの発言から問いが生まれることが多い。「てつがく」の時間でも文章をもとにして対話を進めることもあるが、「国語」では、文章を詳細に読んでいくことに特徴がある。

　「国語」の授業で物語文・説明文・詩といった文章を読むと、素朴な問いが生まれることがある。「なぜ、登場人物はこのような行動をとったのだろう」「筆者がこのような構成で説明しているのはどういう意味があるのだろう」「この短い表現の中に込められた思いは何だろう」。そういった子どもから出された問いについて、学級全体で考えることが、「国語」と「てつがく」をつなぐ一つの要素になり得ると考えている。

2 授業実践から見た子どもたちの姿

　6年生の1学期、やなせたかし作『サボテンの花』を読んだ。全文を通読した後に感想や疑問をノートに書き、その疑問に対する自分の考えも書く。その後、生活班で、どの疑問を学級で考えたいかを選ぶ。その選んだ問いについての考えを、学級全体で話し合うという学習活動である。この『サボテンの花』は、過酷な砂漠に咲くサボテンの会話や様子から「生きること」について考えることができる。

　学級全体で考える問いとして、次のような問いが選ばれた。「サボテンにとって生きるとは」「サボテンはそこにいてよかったのか」「なぜ、サボテンは苦しんででもたたかいながら生きるのか」。この

第4章　"てつがくする"各教科の授業づくり

ように、サボテンの生き方に焦点をあてた問いが多く、子どもたちが「生きること」について考えるきっかけにもなった。「サボテンにとって生きるとは」という問いに対しては、「自分の意志で決めたことを続け、たたかうこと」「意味のある道を進むこと」といった意見が出された。そのほかの問いに対しても「誰も見ていなくても努力は、表に出る」「苦しい中でも助け合うこと」というキーフレーズが出ており、「生きること」について真剣に向き合っている様子が見られた。

『サボテンの花』の学習直後、谷川俊太郎の詩『生きる』を読み、自分が考える「生きる」を一言で表した。教師からは、『サボテンの花』での学習を思い出しながら考えるように話した。

・それは必ず未来があるということ　　　　　・朝日が海を照らすということ
・それはいろんなものが伸びているということ　・みみずは、はうこと
・それはドキドキすること　　　　　　　　　　・壮大な地球の地面に立っていること
・それは生活のメロディーを奏でるということ　・自然を感じること

これまでの経験から、様々な視点で「生きる」を表現している。物語文や詩を読み深め、自分自身と向き合うことで、国語の中に"てつがくすること"を見出すことができる。

3 ▶ "てつがくする" 授業づくりのために

4年間の開発研究を行ってきた過程で、「国語」の中の「てつがく」的要素を見出し、授業に生かしていくことで、より子どもたちの言葉の力が育まれると実感している。「国語」で学んだことが「てつがく」の授業で生かされ、「てつがく」で学んだことが「国語」で生かされる。両者は互いに作用し合っている。1学期の学びを振り返り、次のような感想を書いた子どもがいた。

C1：『サボテンの花』で、たくさんの意見を聴き、考え、何気ない人生をつくっているものが、本当に自分を成長させてくれるのだなと感じとれました。
C2：『生きる』という詩を、『サボテンの花』が終わったあとにやったので、『サボテンの花』の大きな題材、「生きるって何？」ということについても、深めることができました。

物語文と詩を通して、「てつがく」のテーマとしても候補に挙がる「生きること」について考えることができた。また、C2が書いているように、一貫したテーマの題材を続けて扱うことによって、よりテーマについて深めることができることも、子ども自身が実感している。

「国語」の授業では、文章を読む際に、叙述に即した読みをすることや言葉の意義を意識して読むことは必須条件である。言語形式を学ぶことにも比重を置いているとも言える。内容だけに重きを置くと、「てつがく」の授業に寄りすぎてしまう。「言葉の学び」であることを大切にしながら、国語の授業を考えている。

どの学年にも共通していることは、「言葉の世界を広げること」を重視していること、子どもたち自身が言葉を学ぶ楽しさを実感できるように考えていること、子どもたちがどのような言葉の学びをしているのかを教師が見極めることである。「国語」と「てつがく」は、共通点が多い。その中にあって、「国語」だからこそできる「言葉の学び」を追究していくことが、今後の本校国語部の課題である。

(廣瀬　修也)

社会的論争問題を通して「政治的リテラシー」を涵養する

1 「社会」における"てつがくすること"

○社会的論争問題を「判断の規準（基準）」にもとづいて考える

　社会には、様々な立場の人たちによる多様な考え方や価値観がある。そこには、容易には解決できない社会問題が生じ、論争問題へと発展する。その背景には、多様な「判断の規準（基準）」が存在する。「社会」の学習は、最終的には様々な立場の人たちが幸せになれるような社会の在り方を考えていく学習でなければならないと考える。世の中で実際に問題となっている社会的論争問題を、子どもたちとともに学習していくことで、子どもたち自身が、「なぜ、その『判断の規準（基準）』で考えたのか」「なぜ、その『判断の規準（基準）』の方が、重要性があると決めたのか」について考えさせたい。そして対話を通して一人ひとりが友達の考え方に共感したり、根拠をもとに批判したりする学習を進めることで、「社会」ならではの「判断の規準（基準）」を問い直すことが重要であると考える。以下のア〜エは、社会的論争問題を通して「政治的リテラシー」を涵養する学習過程である。ア　社会的論争問題学習を通して、他者の異なる考えに出あう。イ　自分の考えの背景にある「判断の規準（基準）」を明らかにする。ウ　多様な「判断の規準（基準）」の中から、様々な立場の人が幸せになれるような「判断の規準（基準）」になっているかを吟味する。エ　様々な立場の人が幸せになれるような「判断の規準（基準）」にもとづいて、判断し決定する。

　また、本校の「社会」では、子どもたち自らが、社会的論争問題において判断する際の「判断の規準（基準）」を、創り上げていくことを教育の重点に掲げている。小学生が自ら「判断の規準（基準）」を創ることは容易ではない。しかし、『学習指導要領』や指導者から与えられた「判断の規準（基準）」をもって思考するのではなく、世の中の様々な立場の人が幸せになれるような「判断の規準（基準）」を自分たちで考えていくことが、未来の世界や日本の政治的主体者として欠かせない資質・能力の育成につながっていくと考えている。

2 授業実践から見た子どもたちの姿

(1) 題材について

　実践事例は、第4学年2学期に行った題材である。教員は、佐賀県の武雄市図書館を取り上げ、子どもたちは、地元の図書館と比較し、「公共図書館のあるべき姿を考えよう」というテーマに迫ることになった。武雄市図書館は、2013年に開館した、図書館・書店・カフェが一体的に融合した斬新な図書館である。管理を民間に委託（指定管理者制度）し、開館時間は延長され、休館日をなくした。市民には、サービスが向上しとても利用しやすい図書館に生まれ変わった。しかし、この武雄市図書

第4章　"てつがくする"各教科の授業づくり

館と同様の運営方法の図書館を建設しようと考えたK市では、図書館建設計画の見直しが市民運動によって提起され、住民投票で見直し票が多数を占めた。このように「新しい公共」と騒がれもてはやされた武雄市図書館の運営方法には、私たちに見えない問題点も存在している。

⑵「判断の規準（基準）」にもとづいて考える

　子どもたちは、武雄市図書館のよさとして、コーヒーを飲みながら読書できることや開館時間が9〜21時のうえ年中無休で長いことなどを発見した。一方、デメリットとしては、BGMの音で読書に集中できないこと、コーヒーで本が汚れてしまうことなどを発見した。身近な人へのインタビューや司書の方からの講話、地元の人々の声を聞いていくうちに、子どもたちは、本問題を判断する「判断の規準（基準）」を段々広げていった。上記以外に、契約上の心配（武雄市図書館は民間運営のため、5年間で経営者が変わる可能性があること）や、大人向け、子ども向けかどちらの選書を重点にするのか、司書は常駐か否かなど、新たな「判断の規準（基準）」が挙げられた。

⑶「そもそも」論を学習課題としてあえて取り上げる

　「大人になったら、どちらの図書館を利用したいですか」という新たな問いの下、子どもたちは、次第に「そもそも公共図書館があるのはどうしてか」という「そもそも論」を意識し始めた。図書館が私たちに無料で本を貸してくれるのは、どうしてなのか。人々がたくさんの本に出あうことで、本のおもしろさに気づいたり、自分の価値観が変わったり、多種多様な人それぞれの考え方に気づかされたり、作者のメッセージについて真剣に考えたり、自分の世界観が広がったり、新たに違う視点で自分のこれまでの生き方を見直すことができたりするからではないか。本との出あいは、日本の未来に大きくかかわっていくのではないかという思考が子どもたちから新たに提案されたのである。子どもたちの白熱する討論から、「様々な斬新な工夫を取り入れ、入館者数を5倍に増やし、大人向けの武雄市図書館のような図書館がいいのか」「司書の方が常駐し、地域に根ざした読書の勧めに取り組む、子ども向けに力を入れた従来型の図書館がいいのか」、という二つの図書館の在り方について、「判断の規準（基準）」をもとに子どもたちはさらなる日本の未来の発展について考え、活発な議論を展開していったのである。

3　"てつがくする"授業づくりのために

　子どもたちが社会論争問題を学ぶときには必ずと言ってよいほど、「そもそも論」を論じることが多い。「そもそも論」を論じるということは、上の例で考えると、最初は表面に見えている問題点を問うことから、実はその裏に隠れている、「そもそも『公共性』とは何か」など、深い価値を問うことにつながっていくのである。教員は、その新たな問いを丁寧に取り上げ、子どもたちが話し合いを続けられるように配慮することで、子どもたちはより粘り強く考え、自分の考えと友達の考えの、共通点や相違点に気づき、相手の考えを尊重しながらも、さらなる学びの向上を目指すことができる。本校の新教科「てつがく」では、「概念を探究してその共通性を見つける共通了解」を基盤にして学んでいる。「社会」の学習でも、自分たちが考えた「判断の規準（基準）」の中で、特に自分たちの社会をよりよくしていくための「判断の規準（基準）」はどれが最も大切なのかを考え話し合う、その探究の仕方が似ており、それらはともに民主主義社会を担う一市民として必要な資質・能力の育成につながっていくのだと考える。

（佐藤　孔美）

当たり前を問い直し、前提を考える算数

1 「算数」における"てつがくすること"

　算数では、自分とは異なる他者の考えに出会い、はっとする瞬間や、多様な考えを束ねる関係に気づき、すっと納得できる瞬間、そして、それらを通して、自分の考えを見つめ直す際に、学びをひらく姿がある。また、「よりよいものを求めて自分の考えを吟味し、責任をもって思考し続けていく姿」を、算数における"てつがくする"姿ととらえている。算数の授業の中で、あたり前と思っていることに疑問をもち、もう一度、自分で説明したり、場面を明らかにしたりすることによって、子ども自身が振り返ることが、"てつがくする"ことにつながっていくと考える。

　算数の学習は、解答が明確に表れるので揺るぎようのないように思われるが、その本質に迫るとき、「なぜ、そうなっているのか？」「どうして、そう考えていいのか？」「本当にそれだけだろうか？」など、素朴な疑問を問い直すことができる教科なのではないだろうか。

　そこで、算数だからこそ"てつがくすること"の中で、育てたい思考力・技能として、**反例を挙げて証明すること、既習をもとにして新しい考えをつくり出すこと、前提を確認すること、解へ至る解決方法を多面的にとらえること**などが挙げられるのではないだろうか。

2 授業実践から見た子どもたちの姿

(1) 第5学年測定値の平均（導入）―データの信頼性を考える―

　第5学年「平均」の学習では、「ならす」という考えをもとに、「平均」を扱う。統計的な問題解決では、データの信頼性を検討することが大切であるため、目的に対してデータは信頼できるのかに考えを巡らせる機会を設けた。子どもたちが実際に地図上で測ったデータを提示した後に考える場面である。

　与えられたデータについて最初は、数値の大小から使えるデータか、使えないデータかという議論であったが、少し子どもたちの意見を聴いているとC1の発言で、数値の大小だけでなく、測定の方法についての話題が出てきた。

表　最初に子どもに提示したデータ

A班	47	77.8	48.9	44.2	46.2
B班	45.5	58.3	43.5	40	50.1

C1：これ、**測るものが違うと、差が出る**じゃないですか。だから、ゴムと鉄じゃ。
C：変わってくる。だから測るものを共通にした方がいい。自分がちゃんと測ってるつもりでも……。
C：例えば、そうめんとひもなら、そうめんは伸びるじゃないですか。それで誤差が出る。
T：ちょっと話変わってきたよね。今までは数を見て、数が40くらいだとどうかとか、差が大きいとか。
C：だけど、C1君は測る物が違うとやっぱりねって。

> T：ダメだってことを言ってるの？
> C：正論。
> C：鉄のものとやわらかいものだと、自分はちゃんと正しく測っているつもりでも、**かたい物とやわらかい物だと誤差が出るから。**

　さらに、地図が同じであるか、道のりを誤解してはいなかったか、など測定方法以外の内容についても話題になり、それらの事柄については測定を始める前の前提として確認することになった。その後の「平均」の授業では、教師から提示されたデータの値を吟味し、すべての値を使ってもよいか真剣に考える子どもの姿が見られた。また、複数回測定したことで、どんなに丁寧に測定を行っても得られる値にはズレがあるということに気づく子どももいた。このことは、真の値を得るために「平均」を行う「測定値の平均」の考えにつながっていくと考える。

(2)第1学年かたちの分類（まとめ）―丸いかたちから円へ―

　かたちの学習の中で、いろいろな形を分類する場面である。丸いかたちを集めたところまでは、同じ考えであったが、よく見ると「どこからみても丸と上から見ると丸は違う」という見る視点を入れて分類をすることを始めた。さらに、半円を見て、「円の仲間かもしれないけど、何か違う」という発言で再度見なおした。

図1　子どもたちが「丸」に入れた形　　図2　意見が分かれた半円

　そこで、「半円は、2つ合わせると円になるから仲間になるのではないか」という意見が出される。「2つ合わせると」という条件が提示される。子どもたちは、「そうだね」という声をあげる。しかし一方で、「今はその形1つを見ているのだから、円にはならない」という反論が出る。そこで、「1つだったら」「2つだったら」という言葉とともに条件をはっきりさせること、**条件が変わると分類も変わること**を確認していった。

　1年生でも、このように自分の考えと友達の考えを吟味することから、自分たちの思いに寄り添い、前提条件を設定し考えていくことができる。

3 "てつがくする"授業づくりのために

　算数の学習では、学習内容の習熟と復習もとても大切だが、ときに教師が一息待って、子どもたちの素朴な疑問を受け取ったり、子どもたちが立ち止まるような声かけをしたりして、子どもの思考にゆさぶりをかけ、立ち止まり考える場面を意識的に設定することも授業づくりの大切なポイントとなるのではないだろうか。算数は、答えが明確に出る教科ではあるが、それは、前提を何にするかによって左右されることもある。解答に行き着くまでの過程の多様さとともに、何を前提にするかを考えさせることによって、自分の考えと友達の考えのズレを認識し、自分の考えを吟味していく姿を大切に見取るようにしたい。

（参考文献）2016年お茶の水女子大学附属小学校第78回教育実際指導研究会発表要項 pp.29〜31
　　　　　2018年お茶の水女子大学附属小学校第80回教育実際指導研究会発表要項 pp.28〜29

（冨田　京子）

子どもの問いを生かし対話する授業

1 「理科」における"てつがくすること"

　理科という教科学習において"てつがくすること"と関連していると考える点を三点挙げる。
　一点目は「問い続ける」ことである。身の周りの自然の事物現象に対して、「なぜだろう、不思議だな」という問いをもち、それを解決していこうとする姿勢は"てつがくすること"と関連している。
　二点目は「一般論を自分事としてとらえる」ことである。理科の学習をし、自然の法則や原理を学んだときに、「自分（人間）もそうなんだ」や「だからこんなことが起きるんだ」と自分の身に置き換え、自分事としてとらえることがある。"てつがくすること"においても、学級の皆で話を聞き合い、「自分だったら……」と他者の考えを自分にフィードバックして考え直すことがある。皆から自分へ、自分ごとから一般論へという往還がなされるように、理科においても身近な具体から一般論の自然法則へ、そして自然法則から身近な具体へと往還させながら思考を深めていく。
　三点目は「対話」することである。理科では、自然の事物現象を取り扱い、観察・実験が主な活動となるが、実験の前後に予想したり、結果から考察したりする場面において、子どもたちは意見を交換し、学級の中で対話が生まれる。他者の意見に反対したり、賛成したりすることで、混沌としていた自分の考えが明確化されてくる。このような話し合い活動における「対話」することは"てつがくすること"と関連する点ととらえている。

2 授業実践から見た子どもたちの姿

　5年生「ものの溶け方」の単元実践から見えた"てつがく"を生かした場面を取り上げる。

(1) "てつがく"の問いに似た導入

　"てつがく"の問い「○○とは？」と似たような問いとして、「とけるとは？」を導入に使った。氷がとける、アイスがとける、塩が水にとける、難問がとける、呪縛がとけるなど、様々な「とける」が子どもたちから挙がってきた（図1）。
　同じような意味のものを仲間分けし、「とける」にはいろいろな意味があることを確認し、本単元で扱う「とける」は「水に何かが溶ける」であることを提示し、学習内容を明確にした。

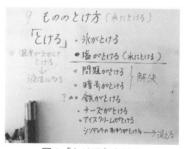
図1 「とける」とは？

(2) 身近な事象から考えを広げる

　抽象的なことを思考する際、まず身近な事例から考察していくことを大切にしている。そこで、実験1では家庭から持ち寄った様々な物を水に溶かし、実験結果を発表し、意見を交換した。片栗粉はかき混ぜると全体に散らばるけれど、時間がたつと下の方に沈んでくる。食塩の粒は見えなくなり、透明になる（図2）。ここで「水溶液」という言葉を定

図2 入浴剤とカレールー

第4章 "てつがくする"各教科の授業づくり

義した。そして、完全に溶けた物は、均一に拡散していると説明したが、本当だろうかという疑問が出た。

(3)子どもの問いを生かす

「完全に溶けきった食塩水を数日置いておくと、下の方が濃くなるのではないか？」という子どもの疑問を問いとして取り上げた。学級の中で話し合いの時間をとり、下の方が濃いと主張する「下派」と、均一の濃度であると主張する「均一派」の二派に分かれ、根拠をもとに意見を交換した。

表 食塩水の濃度に関する考え

	根拠	反論
下派	・食塩は溶けても消えず、重さはあるのだから少しずつ沈んでくる。 ・ジュースは置いておくと、下の方が濃くなってくる。	・水流があるから沈まない。 ・ジュースは水溶液ではない。
均一派	・食塩水をつくるとき、溶けきらないときは下に沈むが、逆に溶けきったらもう沈まない。	・食塩の粒は小さくて目に見えないが下に沈んでいる。

その後確かめるために実験を行った。50mLの水に5gの食塩を入れ、よくかき混ぜ完全に溶かし切る。その食塩水を数日放置し、上の部分と下の部分からそれぞれピペットで5mLずつ取り出し、蒸発皿に入れて加熱し、析出した食塩の重さを量った（図3）。

図3 実験する子ども

図4 実験結果の板書

実験結果は図4のように、上と下で析出してきた食塩の量が同じ研究所が二つ。上の方が多かった研究所が二つ。下の方が多かった研究所が三つであった。5mLを正確にピペットで吸い上げることが難しいことと、蒸発させている時に析出してきた食塩が飛び散ったことなどから、誤差はあるということには納得し、食塩水の濃さは上も下も同じであるという結論を出した。

3 "てつがくする" 授業づくりのために

教師の思いと指導計画だけで授業を進めないように心掛けている。子どもが「あれ？」「なぜ？」と引っかかったときのつぶやきを見逃さないようにしている。子どものつぶやきは真理をついていることもあり、一人の子どもの疑問が学級全体で共有するに値することがある。子ども同士で様々な考えを出し合い、根拠を述べ合い、反論し、互いの意見を聞き合う過程において、子どもたちは自分の考えを明確化していく。この過程では"てつがく"の授業で培われた問い続ける姿勢や互いに聞き合う態度が大いに発揮される。"てつがくする"授業づくりのために、教科学習においても、話し合い、聞き合う時間を確保し、子ども同士で学び合い、高め合うことを目指している。

(増田　伸江)

私の"音楽すること"

1 「音楽」における"てつがくすること"

　一人ひとりの音楽に向き合う姿勢は異なるだろう。たくさんの異なりが行き交う空間の中でこそ、自分自身の音楽も見つめ直せる。一人ひとりの違いを、子ども自身がどう受け止め、どう整理して自分（たち）の音楽として、新たなものとしていくのか。この営みの繰り返しこそが、音楽における"てつがくすること"であるととらえている。

　ニュージーランド出身のクリストファー・スモールが提唱した、「musicking[*]」（以下カタカナで記す）という考えがある。スモールは、「音楽する（to music）」という動詞の動名詞形で、各自の立場を問わずに音楽的なパフォーマンスに加わるすべてのものが、「音楽すること」なのだと定義している。このミュージッキングの考え方、特に、立場を問わずに音楽的な活動に参加していく姿こそが大切であるととらえ、学習環境を整えたり、子どもたちの表現が行き交う場の設定を工夫したりした上で、発達段階や学年を考慮した実践を重ねている。子どもたちが音楽を通して、互いに高め合い、ひろげ、深められる学びの場こそ、"てつがくすること"には必要不可欠である。

2 授業実践から見た子どもたちの姿

　低学年では、からだを意識した活動に重点を置いている。からだを通して、たくさんのものを経験させたいという、教師側の意図もある。このことが、高学年になってからの活動につながることも実感している。

　あそびを通して関係性が育まれる姿もある。1年生の4月。入学して間もない時期の活動では、初めて出会う仲間と、手を取り合い、わらべうたあそびを楽しむ姿もある一方で、新しい環境への不安を顔に出す子も少なくない。いざ一緒にあそび始めると、手をつなぐ安心感もあるのか、すぐに活動に参加できる。仲間とともに、声を合わせ、息を合わせ、上手にあそべたとき、子どもの表情は非常に柔らかく、心地よさがみてとれる。このような活動の繰り返しの中で経験したことが、後に生きてきている。子どもたちにとっては、わらべうたあそびだけがあそびではないようだ。手拍子でのリズム学習や、オスティナートをつけて歌うこと等々、すべての活動が子どもにとってはあそびなのである。活動を重ねるにつれ、当然もめごとも頻発する。その

ときの子どもたちの関わり合いこそが、大切だととらえている。あそびの中で葛藤を覚え、折り合いをつけることを学んでいくのである。他者がいることを意識する上では、大切な経験と言えよう。

　高学年では、自分（たち）で計画しながら進め、更新し続ける姿が多い。6年生になると、使用できる楽器の幅が広がる。子どもたちは、今までの音楽することの引き出しから、今の音楽を表現しようとしている。自分の好きなことに没頭し、あるとき、ふと新しいものが生まれてくる。同時

第4章 "てつがくする"各教科の授業づくり

に輪が広がり、表現の幅も広がる一場面ととらえている。一人の興味が、他者の興味となり、新たな音楽へと形を変えてひろがっていく。

三線に興味をもった子どもたち。まずは触ってみる。次第に、音階を探り始める。自分の耳を頼りに、指を調整しながら楽器と向き合っていた。ときには、三線の教本を頼りに助け合いながら活動することもあった。ある子は「海の声」の練習に励んでいた。毎回毎回、じっくりと取り組んでいた。クラスのみんなに聴いてもらったときは、クラスの仲間から賞賛の声も上がった一方で、もっとこうした方がよいのではという考えも出された。その考えを一度受け止め、自分なりに考え、次の活動に続いていった。私一人では、気がつけないことも、他者がいることで気づくことができるときもある。まさに、「てつがく」していた姿であろう。

3 "てつがくする"授業づくりのために

本校音楽部では、小学校6年間の学びを長いスパンでとらえ、発達段階や縦のつながりを考慮しながら題材を設定している。その中で生まれる学びのサイクルを丁寧に見取り、実践を探究・更新している。1年間を通して、帯単元で授業を展開していることも特徴の一つである。

1・2年生では、からだを使って、音楽することに重点を置いている。常時活動の一つが、わらべうたあそびである。子どもたちは、初めて出会う仲間と、手を取り合い、ともに歌い、活動を成立させようとするのである。たった数分でも、子どもたちの中には、様々なことが起き、それを子どもたち同士で解決しようとしていく。「あそぶ」という活動の中に、音楽の授業を位置づけ、音楽的要素も取り入れている。また、自分で選んだ曲をクラス全体で歌う活動も常時活動に位置づけている。ほかに和楽器に触れる機会も設け、多様なモノに出会う機会を多く設定している。

3年生になると、ソプラノリコーダーとの出会いがある。自分の息がそのまま音となって表れる楽器の一つである。自分のからだから出てくる息を感じ、遊びながら様々な楽曲に触れる。

4年生から6年生では、自分たちで音楽活動を計画し、実行していく時間が常時活動として保障

されている。自らが音楽と向き合い、試行錯誤しながら進めていく活動の時間が多くなる。同時に自分に対する責任も大きくなる。そのような環境下で、仲間とともに奏でる喜びや、難しさを、そのときその場にいる仲間と共有し、さらなる活動へとつなげていく姿が多い。もちろん、(リコーダーを中心とした)器楽演奏や歌唱活動も常時活動として位置づけている。また、子どもの実態に合わせ、様々なジャンルの音楽に触れる機会も設け、ときに特設題材(音楽づくりや鑑賞)を設定することもある。

以上のように、一見同じことを繰り返しているようだが、活動の中で、子どもたちは常に考えている。授業づくりでは、じっくり・どっぷりと音楽に向き合える場や時間・教材を保障するよう、留意している。

＊クリストファー・スモール著、野澤豊一・西島千尋訳（2011）『ミュージッキング』水声社　　（町田　直樹）

図画工作

造形活動の自明性を問い直す

1 「図画工作」における "てつがくすること"

⑴「造形的な学びの心づもり」

　図画工作の学習には、題材で扱う材料などの「もの」や働きかける対象としての「場所」、主題を着想するもととなる諸体験などの「こと」、学習環境の主体（友人や教師など）である「人」などとの対話の中で発揮される見方・考え方がある。それは、試行錯誤の過程で、当初の着想や発想を臨機応変に更新する柔軟性のことである。この心性を本校図画工作部では「造形的な学びの心づもり」と呼び、「主題をつかむまでの過程において、発想や思考の転換を畏れない勇気をもって、表現したいことを自ら探し出すこと」と定義し、図画工作と "てつがくすること" をとらえる重点とした。

⑵ 造形活動の自明性の問い直し―「自分なり」から「自分らしさ」へ―

　"てつがくすること" の原理にならい、図画工作の学習活動における自明性を問い直す際に想定できることに、写実性や巧緻性という限られた造形規準への志向がある。これは、子どもの発達段階を超えて、社会一般の造形性に対する認識と一致するところがある。

　したがってまず、この性向を問い直す視点として、「自分なり」の "感じ方" を肯定的にとらえることを挙げたい。なぜなら子どもたちが安心して造形活動に浸り、「もの、場所、こと、人」などとの対話を通して、「自分なり」の感じ方で自己内対話することにより図画工作の "てつがくすること" が立ち上がると考えるからである。さらに、他者や世界との対話によって必然的に「自分なり」から「自分らしさ」へ昇華することも期待している。この一連の流れに沿って造形活動のつまずきの要因ともいえる「写実性」や「巧緻性」への志向を無意識に超越し、新たに多様な価値の創造へと向かうことが期待できると考えている。

2 授業実践から見た子どもたちの姿

⑴ 題材に埋め込まれた自明性の問い直し

　図 A は、第 6 学年題材名「お茶小百景」の作品である。小学校生活を振り返り、最高学年としての自覚を喚起する手立てとして年度当初に実践している。本題材を「風景画」として認識すると、写実表現の代名詞ともいえる「遠近法」を学ぶ活動という限定的解釈で「写実性」や「巧緻性」という造形規準の自明性を引き寄せかねない。しかし、学校生活を問い直すという学習目標を促すことにより、以下の作者コメントのような「自分なり」を発見できる。

> ぼくは大黒パーキングエリアが好きで、体育館は体育の用具がそろっているから選びました。
> 体育館のかべはしっかり均等な色なので、水を少なくして描きました。

　お気に入りの体育館と大黒パーキングエリアに駐車する自動車を組み合わせ、更にそのイメージが校庭に置かれた TV 画面の中に映るというユーモラスな発想展開が作者の「自分なり」であり、

第4章 "てつがくする"各教科の授業づくり

「自分らしさ」の表れであろう。その中で「体育館」の日常性を問い直し、造形活動の自明性の象徴である「遠近法」を飛び越え、創造的な技能の工夫なども意識しながら表現と向き合う学びの姿は、造形活動の特色と言えよう。

(2) 多様な表現様式に浸る

図Cは、第4学年「まぼろしの花」の作品である。「まぼろしの花」という題材名により、発想展開の広がりや表現様式の多様性を働きかけることを意図した題材である。以下は作者のコメントである。

図A 「大体国育パーキング館」

図B 見慣れた体育館の全景

> ふつうの花から生える花。とちゅうで次々に枝分かれして色も変わる。当たりをつくれば本かく的あみだくじにもなるふしぎな花です。

作者のコメントから作品をとらえ直すと、柔軟な発想展開の様相を読み取ることができる。既知の植物の特色を意識しながらも、「あみだ花」という空想を楽しみ浸たる「自分らしい」主題に収束しようとする作者の製作意図に共感することができる。さらに、以下の作者からの聴き取りからは、多様な表現様式の柔軟な試みを取り組むことによって、既知の造形規準にとらわれない、造形活動ならではの"てつがくすること"の存在を確認することができる。

図C 「花からあみだ花」

> T：どこから描き始めたの？
> C：キャップをおしべやめしべに見立て、明るい花をまず描きました。
> T：次は？
> C：明るい黄色やオレンジ色の茎を伸ばしました。描いているうちに、いろいろなところが交差しているから、あみだくじっぽいなと思って、題名を考えました。うずまきのところは、「あみだ花」の花です。

3 "てつがくする"授業づくりのために

図Dは、第5学年「アートカレンダーをつくろう（鑑賞）」の活動風景である。鑑賞の活動では言語を通した対話が必要となる。しかし、共通体験がない感覚は共感を得にくく、本題材で扱う季節感なども、協働的対話を通して他者の感覚とのズレを修正しながら共通了解を得る必要がある。そこで、互いの感覚のズレを補完する手だてとして言語の必要性が立ち上がってくるが、形や色をもとにしたイメージを言葉で表現することは容易ではない。あくまでイメージを補完する手立てとして扱うことに留意する必要がある。前項で引用した作者のコメントなども、

図D 「〜の感じが〇月だね！」

製作意図を言葉で表現するのではなく、言葉で整理するくらいの姿勢を促したい。また、他者との対話においても、感受したイメージを言葉で補完しながら吟味し、共感的対話を促す姿勢を大切にしたい。そのことが造形活動における道徳性の形成であり、図画工作の学習における"てつがくすること"の効用として考えることができる。

(堀井　武彦)

考える家庭科のすすめ

1 「家庭科」における"てつがくすること"

　家庭科は、技能教科、家庭科の学習と言えば、すなわち調理実習、あるいは裁縫の実習というイメージを抱くことが多いと思う。特に小学校の家庭科では、「できることを増やそう」というめあてのもと、初めて針や糸、ミシンに触れて裁縫に取り組んだり、包丁やガスコンロを用いて調理実習を行ったりする。

　しかし、調理や裁縫の技術を身につけるだけならば、家庭で家族に教えてもらったり、昨今流行の子ども料理教室で学んだりすることも可能であろうし、むしろその方が効率がよいかもしれない。それでは、そもそも学校で家庭科を学ぶ意味はどこにあるのだろうか。

　それは、自分の生活について考え、友達と交流するところにある。日々の生活を学習の課題として、立ち止まり、問い直し、友達と交流することで、新たな気づきを得たり、課題を見出したりすることができる。ここに、家庭科を学ぶ意味がある。すなわち"てつがくすること"と、家庭科の学習とは、深いかかわりがあると言える。

2 授業実践から見た子どもたちの姿

(1)「いつものごはんって、どんなごはん?」(5年生)

　米飯の調理は、小学校家庭科において必ず学ぶ教材である。これまでは、「ごはんを炊いてみよう」という単元名で、実践を行ってきたが、"てつがくすること"とのかかわりを意識し、単元名を「いつものごはんを見直そう」と改め、学習指導計画を表のように再構成した（授業の実際は、本校研究紀要に詳述）。

表　学習指導計画

単元名「いつものごはんを見直そう」(全10時間)
(1)「いつものごはんとは」について考え、**学習課題をたてる。**(1時間)
(2) ビーカーで炊飯をする。(調理実習2時間)
(3) 文化鍋で炊飯をする。(調理実習2時間)
(4) 実習したことなどをもとに、ファミリーごとに振り返りをする。(2時間)
(5) 振り返りを発表し合い、おにぎり作りに向けて作戦を立てる。(1時間)
(6) 作戦をもとに文化鍋で炊飯をし、おにぎりを作る。(調理実習2時間)

　これまでの実践と大きく変えたところは、単元の導入のところで、考えを交流する時間を1時間設けたところ（表中(1)）と、文化鍋での炊飯後に、振り返りと作戦を練る時間を設けたことである（表中(4)(5)）。ここでは、(1)「いつものごはんとは」について考える活動を取り入れたことによる学びの変化について取り上げる。

　まず、授業の冒頭、子どもたちに「みんなにとってのいつものごはんって、どんなごはん?」と投げかけてみた。しばらく考えていた子どもたちだが、まず一人が、「炊飯器で炊いたごはん」と答えた。すると続いて、「鍋で炊いたごはん」「土鍋で炊いたごはん」など、炊飯の道具に関する話題が出てきた。

そのうち「おいしいごはん！」と言った子がいたので、「おいしいごはんって、どんなごはん？」と聞いてみた。すると、もちもち、ふっくら、つやつや、あたたかい、あまいなど、五感を生かした表現がいろいろと出てきた。

さらに、いつものごはんといっても「ごはんは炊き上がりが毎回違う」という指摘の声があった。これは、事前に家庭で炊飯を複数回行った子どもの実感である。同じ炊きあがりを目指しても、水加減であったり、火加減であったり、そのときの炊き方によってごはんの味は微妙に変化する。

「おかずや体調や好みにも左右されるから、ごはんのおいしさはかんたんには決められないのではないか」という意見も出た。具体的には、体調の悪いときや赤ちゃんにはおかゆのようにやわらかいごはんがよいし、カレーライスのときには少しかためのごはんがおいしい、といった話題が挙がった。

(2)「どうしたら、自分の思い通りにごはんが炊けるのか」

子どもたちと話していくうちに、ごはんの炊きあがりを左右する炊飯の要素が様々あること、また、おいしさの基準は人によって違うことや、同じ人でもそのときの体調やおかずによって求める炊きあがりが異なることに、教師自身も改めて気づいた。

こうして、ごはんの炊きあがりやおいしさは一様ではない、という前提を確認したところで、教師から「どうしたら自分の思い通りのごはんが炊けるのか」という学習課題を投げかけた。単元を通して追究していきたい課題であるこの問いは、教師があらかじめ考えていたものであったが、1時間の話し合いを経た後に提示することで、「ごはんの多様なおいしさを実現するためにはどうしたらよいかを追究していこう」という単元のねらいが、自然と子どもたちに浸透していった。

思い通りに炊けたかな？

3 "てつがくする"授業づくりのために

"てつがくする"授業づくりのためには、教師が「価値ある問い」を子どもたちに投げかけることが必要である。価値ある問いとは、学習の本質をとらえ、単元を通して追究する価値のある問いのことである。

例えば、先ほど述べた炊飯の調理実習では「どうしたら自分の思い通りにごはんが炊けるのか」という問いを解決するために、3回の実習を重ねた。まず、ビーカーで炊飯を行い、次に、中の様子が見えない文化鍋で炊飯し、「思い通りの炊きあがり」になるように工夫させる。その結果を踏まえて、もう一度文化鍋で炊飯を行う。子どもたちは、浸水時間を長くしたり、水の量や加熱時間を増減したりして、思い通りの炊きあがりを目指した。

このように、生活の中に存在する問いを追究する授業を実践していくことで、子どもたち自身が身近な問いの種を見つけ、それらを追究し続ける態度を育みたい。家庭科で"てつがくすること"は、家庭科の学習が画一的な価値や方法の伝授のみにとどまらず、子どもたち自身が自分の生活に合わせて学習を生かそうと考えたときに、柔軟な架橋の役割を果たすと考える。

【参考文献】・お茶の水女子大学附属小学校（2018）研究紀要 　　　　　　　　　　　　　（岡部　雅子）

自分の身体と向き合い、動きを通して問いを深める

1 「体育」における"てつがくすること"

体育の時間に"てつがくする"とはどういうことなのか？

教科の特性からこだわりをもつのは、"てつがくする"言葉や考えだけに留まらず、考えたことを身体や動きとしてどう表すのかということである。動くことで生まれる気づき、感覚とずれる自分の身体や動き……このような発見が問いになり、次の動きへとつながっていく。この繰り返しが体育での"てつがくすること"ではないだろうか。

「てつがく」の時間には問いをもつことを重要ととらえているが、体育で考えられるのは動きや身体を通した問いをもつことである。どのような問いが思い浮かぶだろうか？　例えば、「自分の身体は、今どうなっているのだろう？」「身体はどういうふうに使えるのだろう？」「AEDで人を助けるってどういうことなんだろう？」などが考えられる。

ポイントは問いが動きを通して変わっていくということである。それでも夢中になって動いているときに問いは生まれない。これが教科の特性とも言える。身体を使って動いている間は無意識に感じているため、体を動かしてないときに考える（振り返る）。つまり体育においては、言語で「頭を使って考えること」と非言語の「動きながら身体全体で感じること」とのバランスをとりながら問いを深め、学習を進めていくことが大切なのである。

2 授業実践から見た子どもたちの姿

(1)「相手の身体を感じる―馬跳びに挑戦―」動きと身体を通した"てつがくする"姿（3年生）

身体への気づきは、周りの友達との関係から生まれやすい。バーチャルの世界が広がりつつある今、体育だからできること――例えば、実際に相手に触れ、相手のぬくもりを直接感じる原体験は自分の身体に目を向け、気づき、考えるきっかけとなるはずである。身体の感覚として残るものが非言語の"てつがくすること"につながると考える。

写真1　馬を変えるとどうかな

馬跳びは相手の身体に直接触れ、自分をすべて相手に預ける瞬間を通って初めて成り立つ運動である。実際の授業では、基本的なやり方をおさえた後「馬跳びがやりやすそうな相手を選ぶ」ところから"てつがくする"ための働きかけを始めた。子どもたちは自分の身体を意識し、背の高さや体重など友達の身体にも意識を向けて相手を選び、練習に取り組んだ。また、ただ跳ぶだけでなく背中のどこに手をついたら跳びやすいのか、馬になっている子がいやがるのはどんなときなのか（写真1）、お互いに声をかけ合いながら練習していく姿が見られた（写真2）。この活動を通して、子どもたちは相手が跳びやすい馬の形を考え、馬に応じて自分の身体をコントロールしな

写真2　よく見て

第4章 "てつがくする"各教科の授業づくり

がら跳ぶようになり（写真3）、さらには跳び箱との跳びくらべにも発展した。やってみて感じ考えたことをすぐ試してみることで動きを深めていく……言語ではなく主に身体を通した"てつがくする"子どもの様子である。

(2)「いのちを実感する」保健学習における"てつがくする"姿（5年生）

心肺蘇生法などの技術を身につけ、人の命を救うことができる子どもを育てることには社会的意義がある。ただ知識や技術を学ぶだけでなく、その意味や自分とのかかわりを子どもたちが主体的に考えるために"てつがくする"ことは有効ではないか。そこで、保健学習をベースに、"てつがくする"ことに取り組んだ。

写真3　片手のバランスは?

心肺蘇生法を学習した後、問いづくりに1時間（写真4）。子どもたちからは「命を救うための勇気とは」「自分に救えるものは何か」などの問いが出され、それを集約して話し合い、振り返ることを重ねていった。ある学級では「目の前で人が倒れていたとき、自分の行動に自信がもてないのはなぜか」という問いについて話し合った。その中の一人の記録からは考えの変容と深まりが見られる。以下は、4回の話し合いの後、それぞれの話し合いを振り返った内容である。

①「一人でも多くの人が助けられればいいと思う」、②「勇気をもつことが大事。自信がもてないのは自分を信じていないから」、③「自分の中で判断が難しい。やらない方が自分にかかわりがないし」、④「みんな平気で人の命を助けるなんて言っているけど絶対無理だと思う。助からなかったらどうしようと思う。周りに人がいたらできるかもしれない」。

写真4　グループで相談

このように実際の学習を行ってから"てつがくする"ことで、学習を自分ごととしてとらえ、他者の考えも受け止めて実感する姿が見られたのである。

3 "てつがくする"授業づくりのために

まず考えるのは、子どもの問いを促す教師の働きかけである。子どもの問いをどう受け止め、どのように返すのかという教師の役割は体育でも重要である。ただ、体育では言語による問いだけでなく、身体を通した非言語の問いも促す必要がある。我々は、子どもが自分なりに考えてやってみたり、友達の考えを受け入れてやってみたりすること自体、自らの考えと向き合い身体の動きとして表現する"てつがくする"姿ととらえ、子どもの様子を見取ろうとしているのである。

体育では知識だけでなく、基本的な動きや技能を身につけることが求められる。そこで教師は子どもたちが経験する必要のある動きをおさえておくことが必要となる。つまり、新しい動きを経験させたり、その技のポイントをしっかりつかませたりする段階と、その身体を通した知識にもとづいて子どもたちが自主的に動きを工夫したり、いろいろなやり方を試したりする段階を分けてとらえておくことが大切なのである。また、友達とのかかわりの中で、学び合う様子が見られている間は、子どもたちに任せることも有効に働くことがある。

単に教え込みや繰り返し練習での技術の習得を見るのではなく、子どもが何に引っかかっているのか、何を工夫しようとしているのかという視点で子どもの動きを見取り、子どもから新たな動きや考えを引き出す働きかけをしながら、さらに学習を深めることを意識して取り組みたい。

（栗原　知子）

他者とのかかわりを通して、「食べること」を考える

1 「食育」における"てつがくすること"

　本校の食に関する活動は、給食だけでなく各教科や創造活動など、教育課程全体を通して行われている。栄養教諭も毎日の給食を大切にしながら、学年担任と相談して学年の活動に参加したり、食育の授業を行ったりしている。

　本校の食に関する活動では、食を楽しむことを土台として、他者と自分の違いを認めながら、主体的に自分の食を考え、向き合っていく子どもの姿を目指している。野菜の栽培や料理など、活動自体が新たな視点をもたせてくれることもあるが、他者（友達や大人）と活動することで、自分にはなかった考えに出あい、それが自分の考えを広げたり深めたりすることにつながっていく。給食でも、自分の家庭の食卓には上らない料理に出あったり、同じ料理を食べて友達と異なる感想をもったりすることがある。それが子どもの食経験を増やしたり、食に対する考え方をゆさぶったりすることにつながると考えている。

　このような活動を通して自分の食に対する考え方を見つめなおすこと、そして自分なりの食とのかかわり方を考え続けること、こうしたことが、食育で考える"てつがくすること"であるととらえている。ここでいう「食とのかかわり方」とは、単に食べるという行為だけでなく、食べるものを準備することから片づけ、食環境なども含めた、食事にかかわるすべての事柄を意味している。

2 授業実践から見た子どもたちの姿

○3年　苦手なものは、あったらいけないの？（全2時間）

　食育の授業や給食時間の発言から、子どもたちは苦手な食べ物も残さず食べることが望ましいと考えているように感じる。しかし、それを実行するのは容易ではなく、給食時間には苦手な食べ物をできる限り避けようとする姿も見られる。子どもたちは、「○○ちゃんはいつも野菜を減らすよ」などと、友達の様子には目を向けているが、それぞれがどのような思いで食べているのかを知る機会は少ない。そこで、苦手な食べ物を目の前にしたときの気持ちと向き合い、考えを聴き合うことで、苦手な食べ物とどのように折り合いをつけるのかを改めて考える機会をつくることにした。

○実践の様子

　第1時では、好きな給食と苦手な給食を思い浮かべ、それを食べているときの自分の気持ちを表した。好きなものを食べているときの気持ちとして、子どもたちからは、「おいしい」「おかわりしたい」「うれしい」、苦手なものを食べているときの気持ちとして、「食べたくない」「おいしくない」「いやだ」という声があがった。授業者（栄養教諭）は、第1時の終わりに、この気持ちの違いに触れ、「こういう気持ちになっても、それでも苦手なものも食べた方がいいの？」と問いかけた。第2時は、この問いをもとに子どもたちと対話した。はじめは、食べられないものが多いと大

第4章 "てつがくする"各教科の授業づくり

人になって恥をかく、農家や料理を作った人に失礼などという理由で食べた方がよいという考えが多かったが、対話を進めるとこのような声もあった。以下は第2時の対話の一部である。

> C1：私は野菜が嫌いなんだけど、本当に食べたくない野菜が三つくらいあるから、その、本当に食べたくないものは食べなくてもいいと思うんだけど、本当に大っ嫌いじゃないものは、食べた方がいいと思う。
> T：本当に大っ嫌いなものと、大っ嫌いではないけど苦手なものがあるの？
> C1：野菜の中でも本当に嫌いなものが三個くらいあるけど、大っ嫌いではないけど嫌いなものも野菜ではたくさんある。
> T：それを食べなくていいなって思うのはどうしてですか？
> C1：本当に嫌いなものを無理して食べると、逆にもっとつらくなるかなって思うから。
> T：いやな気持ちになるのね。
> C2：ぼくはジュースが嫌いって書いたんだけど、ジュースはそんなに体にいいものではないと思うので、体にすごくいいものでなければ、嫌いなものは飲んだり食べたりしなくてもいいと思う。
> C3：私はししゃもの卵が大嫌いなんだけど。ししゃもの卵って、なんか苦いから。だけど、その中に栄養が入っているとして、その栄養がすごく体にいいんだとしたら残しても体には十分な栄養が入っていないから、別に残してもいいけど、その代わりあんまり育たないと思う。

苦手なものも頑張って食べた方がよいと考えていた子どもたちは、C1やC2の考えを聴き、自分たちの現実の場面を思い浮かべて考えるようになった。また、C3の発言から、子どもたちは食べ物の栄養面にも目を向け始めた。このあと、苦手なものを目の前にしたときの苦しさが語られながらも、苦手なものが食べられるようになった経験や、給食で苦手なものが出たときにどうやって食べているかを聴きあった。

> ○苦手なものは、ぼくは食べたほうがよいと思う。でも、む理には食べなくてよくて、食べられるなと思うのを食べればいい。そしたら、えいようが体に入って病気にもならないようになる。
> ○わたしは、Aくんのように（苦手な食べ物を）自分が好きなものだと思って今度食べてみたいなと思いました。だけど、きらいなものを無理やり食べるのはやめた方がいいとわたしは考えました。「がんばって食べよう」という気持ちが大切だと思います。

対話後の記述からは、自分の感情を踏まえた上で、どのように食べていくのかを前向きに考えていることが読み取れる。学級担任と比べると、対話の進め方や子どもたちへのかかわり方にも課題は多いが、これまで専門的知識を一方的に伝えがちだった授業の進め方に示唆を得たように思う。

3 "てつがくする"授業づくりのために

授業をきれいにまとめるというよりも、子どもたちが実際の場面でどう行動するのかを考え続ける食育を目指したい。子どもたちが自分自身の感情や行動と向き合い、友達など他者の考えを聴きながら考えることにこそ、そのヒントがあるように思う。栄養教諭という専門的な立場であっても、子どもたちの声に耳を傾け、一緒に考えるスタンスを大切にしたい。

（足立　愛美）

外国語活動

[「世界」に触れることを通して、
日本や日本人としての自分を見つめる]

1 「外国語活動」における"てつがくすること"

　外国語活動では、多様な他者とかかわり互いに理解し合おうとするとともに、地球に生きる一市民としてグローバルな視点をもって考え行動しようとする子どもの姿を目指し、「『世界』に生きる"わたし"を見つめる」をテーマとして研究している。身近な事象について、異なるものと出合い体験することによって、自分の言葉や文化と比べながらそれぞれの独自性や特色に気づくこと、そして多様な価値観や考え方を受容しそれぞれを尊重しようとすること、さらに、自分と「世界」とのかかわりを見つめ、行動しようとする子どもを育てたいと考えている。
　こうした、自分と異なる他者と出会い、相手の立場に立って考えながら相手を理解しようとしたり、自分自身と比べて考えることによって自身を見つめ直したり、それまで「当たり前」と思ってきたことの意味を問い直したりすること、そして新たな視点をもって物事を見ようとしたりすることが、外国語活動における"てつがくすること"だと考える。言語を含めた文化についての体験的な学びや、自分と異なる言語を用いる他者との意思疎通（コミュニケーション）を通し、それまでの自国や他国に関するイメージや認識が更新されることを実感したり、自国との共通点／相違点について、ときには理解し難いことがあったとしてもその理由や背景などを共感的に考えたりしようとすること、そして、そうした異なる文化的背景や価値観をもった他者とよりよく共生していくことについて考え続けることができるような活動を大切にしている。

2 授業実践から見た子どもたちの姿

(1) 「世界の『こんにちは』」（4年生）

　他国の人々がそれぞれの国の方法で「こんにちは」と挨拶を交わす様子をビデオで観た子どもたちは、その言葉やしぐさの多様さに驚きを表した。実際に、ハグや握手を伴う挨拶を友達同士で体験すると、「はずかしい」「こんなことをだれとでもできるなんてすごい」「日本ではありえない」という声が大きく、特にハグに関してはなかなかしたがらない子どもも多くいた。しかし、「仲のよい友達同士だったらできる」という声が挙がると、照れながらハグを始める子どもが現れ、「相手をとても近くに感じる」という共感的な感想が挙がり始めた。すると、「日本ではどうしてハグではなくお辞儀をするのだろう？」「ほかの国の人たちからしてみると、不思議に思われるのではないかな？」などと自分の文化を見つめ直そうとしたり、メタ的にとらえようとしたりする言葉が聞こえるようになり、そこから、「お辞儀」の意味を調べたり、世界にある様々なあいさつの作法を調べたりする活動へと発展していった。最後までハ

グをすることに抵抗感を示していた子どもは、「自分にはハグははずかしくてできないけれど、それは日本人のお辞儀を変だと思われるのと同じことなのだと思った。自分がお辞儀を挨拶の当たり前のしぐさだと思っているのと同じようにハグを当たり前だと思っている人がいるんだから、最初気持ち悪いって言って悪かったなと思った」と、それぞれの文化を尊重しようとするように変容した様子が見えた。

⑵「'WASHOKU' を伝えよう」（5年生）

　本実践は、ユネスコ無形文化遺産に登録され 'WASHOKU' として世界中で愛されている日本食について、海外で親しまれる様子に触れたり、そのように楽しむ人々の気持ちに寄り添ったりしながら「和食」の本質を見つめ直し、紹介する内容や表現を考えていくという学習である。

　'WASHOKU' の中でもとりわけ人気の高い 'sushi' が、シャリの上にフルーツをのせられたり前菜風に球体にして盛りつけられたり外側をアボカドで包まれたりするなど、様々な形にアレンジされて親しまれている様子を写真で見た子どもたちは、「こんなのお寿司じゃない」「お寿司を誤解している」「お寿司がどういうものかということを正しく伝えたい」と反応し、早速、「寿司」の由来や本来の作り方などを調べた。しかし次に、私たちが普段好んで食べている海外由来の料理についてもともとの国での食べられ方を知った子どもたちは、自分自身も 'sushi' と同じようにアレンジをして楽しんでいることに気がついた。そこで、「寿司」もそれぞれの土地の風土や人々に合わせてアレンジされ親しまれていることを実感し、改めて「寿司」の伝え方を考え直した。「正しい方法で食べてほしいと思っていたけれど、自分も日本バージョンの『カレーライス』が好き。だから、『本当はこういうものだ』と分かった上でならアレンジしてでも 'WASHOKU' を楽しんでもらえるのはいいと思う。『間違っているから直して』ということではなくて、『本当はこういうものなんだよ』という気持ちで伝えていきたい」と、相手に寄り添いながら思いを伝えていこうとする子どもの姿が見られるようになった。

3 "てつがくする" 授業づくりのために

　以下の三つの視点を設定し、それぞれの学習活動の中でこれらを意識して授業をつくっている。
①「ことば」への「引っかかり」を広げる…子どもたちが生活の中でも自ら様々な気づきや問いをもつことができるよう、英語だけでなく様々な言葉や数字、生活や遊びなどの文化、様々な物事のとらえ方にもひろく触れている。
②かかわりの中で試行錯誤する…自分と異なる言葉や背景や考えをもつ他者を受容し、積極的にかかわり合おうとしたり、臆せず自分の思いを伝えたりしようとするなどして留学生や他国の小学生との交流活動なども行いつつ実感を伴いながらその方法を探る体験を大切にしている。
③「世界」を自分事としてとらえる…広く世界に目を向け、様々な文化・歴史的背景をもった人々が共存する社会に生きている自分自身に気づくとともに、そうした社会に生きる自分自身の在り方を考えようとする子どもの姿を目指し、国際的な課題について自ら課題意識をもち、問題解決に向けて取り組む活動を取り入れている。

（濱　雪乃）

COLUMN
「てつがく」することの大切さ

お茶の水女子大学附属小学校に教員として3年間勤務した。在職中に新教科「てつがく」の研究が始まり、どのような理論で、どのような授業を行えばよいのか、一生懸命考えたのを覚えている。立ち上げから早4年が経ち、研究の成果は年々深まり、紀要や研究発表を通して"てつがくする"意義と授業実践を"てつがく応援団"という立場で遠くから学ばせてもらっている。しかし、お茶小の実践は現任校でなかなか実現できず、"てつがくする"壁を感じている日々である。

現在私は、東京学芸大学附属小金井小学校に異動し、学級担任を受けもっている。着任時は4年生の担任だった。「てつがく」という時間はもちろんないので、学活の時間をつかってお茶小で知り得た実践を試みた。本校は担任が各授業を行うため、1日を通じて学級の子どもたちと接する時間は多い。その点では教科によって教員が変わるお茶小と異なり、子どもの生活や学習の細かな様子を多面的にとらえることができる。そういった理由からお茶小で経験した"てつがくする"授業実践は容易に展開できるだろうと思いこんでいた。

椅子を並べ、聴き合う環境をつくり、いろいろなテーマで対話をしながら問い直す活動を行った。しかし、「てつがく」のような話し合いを成り立たせるのは難しかった。子ども自身がテーマについて深く考え、対話を通して問い直しているように見えないのである。また、会話は進んでいるものの、話題の深まりは得られず、友達の話を聴いて共感したり、違和感を得たりする感情の動きが少なかった。このとき、話し手に寄り添い、聴き合うことのよさを味わせるためにどうしたらよいのか、指導者として改めて考えさせられた。

お茶小在職中に1年生の担任を受けもち、そこで出会った「サークル対話」が私にとって大きな経験で、「てつがく」を考える上での基礎につながった。1年生のクラスみんなで椅子を円形に並べて向き合いながら話し合う時間。そこで、生活の中で感じた喜びや驚き、多様な興味を語り合い、聴き合う時間。そこから生まれる安心感を通してクラスの一員として存在できる空間をつくるとともに、このサークル対話の中から、共感し、問いが生まれ、新たな語彙の獲得や認識へとつながる。この活動を毎朝行うことで子どもたちは、話す、聴く態度が身につき、習慣化され、聴き合うことのよさを実感していく。その素養が中・高学年の「対話」や「記述」の深まりに発展していくと考える。

小金井小学校の子どもたちも1年生のときから話し合い、聞く活動を盛んに行っている。今後も子どもの主張を大事にしながら、対話を通して生まれる喜びや驚き、安心感が得られる環境、友達に寄り添う居心地のよさなどを味わえるような姿に育てていきたい。1年生の段階から対話する時間を多く設けることは、とても重要なことであると改めて感じた。お茶小は入学時から語り合い、聴き合う子を育てるプログラムが整っているのである。

「てつがく」の授業を行うには、対話する心と話し方を育てるカリキュラムを学校体制でつくっていく必要があると考える。お茶小は新教科「てつがく」の開発のために生活時程を見直し、職員全体で多様な言語活動を通して問い直して考える子どもの姿を目指し追究してきた。伝統ある学校の体制を変えることは勇気と労力が必要で、当時私は「研究開発のために、ここまで変えてしまうのか……」と驚いた。「てつがく」の理念が小学校の授業に含まれ広まりつつあるということは、学校の教育体制の見直しも同時に求められていくことを意味していると言って過言ではない。

（東京学芸大学附属小金井小学校　三井寿哉）

第5章

「てつがく」を "てつがくする"

本章は、2018年9月20日（木）にお茶の水女子大学講堂で行われた、お茶の水女子大学附属小学校　開校140周年記念シンポジウム「『子どもから』の伝統が拓く明日の教育―市民性の育成と新教科『てつがく』の挑戦―」と、「てつがく」に関する寄稿をもとに構成しました。

基調提案

1 ▶ 小玉重夫先生（東京大学大学院教授）

⑴ 新教科「てつがく」に至るまで

　私が本校の研究開発に参加させていただくようになったのが2006年ぐらいからでした。当時、お茶小がシティズンシップ教育に取り組み始めた時期で、お茶小を一つのモデルにしながらシティズンシップ教育を日本の学校教育全体に広めていく可能性を日本全体で議論し始めました。

　それを受け、今回シティズンシップ教育の一つの発展形として哲学教育を位置づけ、しかも今度新しく特別な教科として再設定された道徳の時間に事実上代わるものとして、「てつがく」という時間を位置づけているということが非常に重要だと思います。その意味で、哲学教育と市民性教育をどのように橋渡ししていくのかが、本校がいま取り組んでいる中心的な課題と言えます。

⑵ 新教科「てつがく」と道徳

　本校が考えようとしている哲学対話の教育は、価値を注入する徳目主義からいかにして自由になるかということで、価値を越境する、ハンナ・アーレントが言っている一人の人間の中に二つの自分をつくり出すことで答えのない問いと向き合っていくという試みだと思います。

　特別な教科「道徳」が直面しているジレンマ、「お母さんのせいきゅう書」とか「星野君の二るい打」とかいま道徳の教科書の中で取り扱われている事例が、実は答えが複数の価値に及び得る、子どもたち自身がものを考えるときのジレンマであったり、あるいは論争だったりというところに子どもたち自身が向き合う可能性がある教材であるにもかかわらず、なかなか現実の道徳の実践がそういうものになりきれていない状況で悪戦苦闘している現場の状況があります。

　いままでの図式だと、道徳の価値内容と生徒との関係が、上から教師がそれを児童・生徒に注入するというような形でとらえられていたのに対し、本校は複数の価値を子ども自身が往還し、自由に行き来していく、そういう在り方を追究していくことになっていて、先ほど紹介された授業のビデオも、そういった実践が低学年・中学年・高学年それぞれについて描かれていたと思います。

　低学年の靴下を洗うという話のところで、子どもたちが靴下を洗うようになったという子どもの発言から問いが始まっていたと思います。途中で教員が「なんで靴下を洗うようになったのですか」という何気ない問いを挟んでいたところがあったと思いますが、教師の存在が説明する存在ではなく、子どもたちの間に立ち、子どもたち同士の話を翻訳したり通訳したりする存在になっている。ジャック・ランシエール、ガート・ビースタなどが言っている、説明する存在としての教師から翻訳・通訳する存在としての教師という、そういう教師の在り方の転換が垣間見えました。

　それから、様々な価値の間を往還すると言っても、当然そこには様々なジレンマであったり対立だったりがあるわけです。その場合に、そういった複数の価値の間を超越するのではなく、その間に立つ存在として教員が存在している。それは例えば4年生の実践の中で、夢と現実というものの間に存在するものが何なのかということが子どもたちの間で議論になったとき、その間をどうやっ

第5章 「てつがく」を"てつがくする"

てつないでいくのかというところに教師の位置づけがあります。

あるいは6年生の実践でも、自由と不自由の違いが何なのかということについて子どもたちの間で議論がありました。これについてはまた後で少し詳しく述べさせていただきたいと思いますが、先生が自由とは何かということについて説明し、超越した存在として子どもたちに教えるのではなく、間に立つ存在として教師が子どもたちの間に存在しています。

「てつがく」というものが存在することによって、各教科の学び方にまで波及していくというところがシティズンシップ教育に展開していく一つの可能性であり、カリキュラム・マネジメントのイメージとして「てつがく」を位置づけていくときに非常に重要になってくると思います。

6年生の実践は、自由とは何かということをめぐる対立やずれというものが顕在化しているところが非常によく出ていた場面だったのではないかと思います。ガート・ビースタという哲学者の一番新しい翻訳本、『教えることの再発見』(上野正道監訳、東京大学出版会、2018)には、不和を顕在化させるというところに今日の教育の重要な機能があるのではないかと言っている部分があります。

この教室の場面では、アイザー・バーリンの「自由には積極的自由と消極的自由がある」という考察にかかわる論点が展開されています。まさに児童の対話の中で積極的自由に立つ自由感と消極的自由に立つ自由感の間の相克やずれ、不和が顕在化したという場面があったと思います。F君という男の子は積極的自由の立場に積極的に立っていて、その場合には自分は自由だと思いこんでいるけれども実は自由ではないのではないかということを言うわけです。ですから、自分の思いこんでいる自由とは異なる自由が別のところにあり、そこに向けてその子を教育するということがある意味正当化されていくような自由論ですが、「自分の判断でやっていても悪いことだったら、それは不自由なんじゃないですか」とF君が言うわけです。

それに対し、子どもたちが、最初のうちは「よく分からない」と言って展開していきますが、議論していく中でSさんという児童が最後に「やっていいことをやりたいと思っているにもかかわらず、その要求に応えられていないというのは、それは不自由じゃないか」という形でF君の発言を引き取っている。自由というものに対するそれまで共有されていた考え方は消極的自由——Libertarian で、自分の判断で行っていればそれは自由なのだという考え方を多く共有していたわけです。もともとは、ゲームか何かを夜遅くまでやっていることに対して親が規制してくる、それは自由か自由ではないか、について議論をしていく。そういう文脈の中での話があったのですが、親から強制されるのは自由ではなく自分の判断で行っていればそれは自由だという考え方を最初は多くの子が主張します。それに対しF君が、それは本人がそう思っていたとしても、本人の思っていた方向と別の帰結を生んでしまえば、例えば寝不足になって翌日寝坊してしまうとか、あるいは翌日の体調に響くとか、そういう形で悪い方向にいってしまえば、それは本当の意味での自由ではないのではないかと言っている。こうして、自由とは何かということをめぐる対立やずれが顕在化していくところに、この実践の重要な意味合いがあったのではないかと思います。

夢と現実の往還とか自由とは何かのような議論は、かなり本質的な哲学的な問いになっています。そこに新しいタイプの哲学の可能性があり、この新しいタイプの哲学が学校の中に生まれてくることで古いタイプの哲学が変わっていく。そして市民との間での往還関係ができあがっていき、専門性をクリティークしていく。私はそれをアマチュア性とか市民性という形で呼んでいますが、アマチュア性や、市民性にもとづく批評空間が展開していくことが、各教科の学びに展開していけば、各教科の基盤になるような市民性の基盤が「てつがく」を通して展開されていく。そこに本校が目指している新しい哲学教育と市民性教育を架橋する可能性があるのではないのでしょうか。

2▶神戸和佳子先生（東洋大学京北中学高等学校非常勤講師）

(1) 実践者の視点から見た哲学教育

　私は研究もしますが、基本的に中学校や高校で授業をする立場なので、実践者の視点からお話をさせていただきます。

　哲学教育を行う上で難しいと思うのは、哲学という科目は学習指導要領にないので、どこの学校でも、何かの授業に間借りをして哲学をさせてもらうということです。私は公民科を教えているので、社会の授業や倫理、場合によっては政治経済の授業の中で哲学的なことを扱います。

　小・中学校の場合には主に道徳の時間に実施する学校が多いのですが、このときよくある懸念に「哲学教育で道徳性って養われるのですか」というものがあります。例えば「子どもたちに自由に発言してもらうのだけれども、差別的な発言が出てきてしまったらどうしたらいいですか」「教えたい徳目を完全に否定するような発言はどうしましょうか」というような心配。あるいは「先生が全然入っていかず、これが大事なことだよと言わない。そんなので大丈夫ですか。本当に子どもは分かったのですか」というような質問。また、正直さであるとか優しさであるとか、そういった概念について問い直してしまうので、「考え直していいのですか。そんなこと小学生にはちょっと早くないですか」というような心配をされることがあります。私もやっていて不安に思う日がないわけではありません。

　しかし、それがなぜそんなに心配になるのかということを考えてみると、徳目を教え込むという道徳教育観にとらわれすぎているからなのではないかと感じます。

(2) お茶小の「てつがく」の実践から

　ですから、今回、なぜ「てつがく」科が道徳性を育むのかということを考えるときに、いったん徳目ということを脇に置いて考えてみるとどうだろうかというように検討してみました。

　先ほどの授業の映像をもとにして考えてみると、どの学年もよくこんなに我慢して聞いているなと私は思います。途中で「もういいよ」「分かんないよ」と言わないで、「どうしてそう思うの？」「こういうことですか」と聞き続け、本当に粘り強く考えているという印象です。

　低学年の映像では、「僕はあるときから靴下を洗うようになりました」という発言が、うまく伝わっていません。これに対してクラスメートが、「○○君のおうちには洗濯機はないのですか」「どうやって洗うのですか」と一生懸命聞いています。発言した本人は最初、自分の話し方で伝わるつもりでいたわけですが、それが伝わらないときに、周りの子たちが「こういうこと？」「ああいうこと？」と聞いてくれる。このとき、話し手には「これでは伝わらないのだ」「そうやって聞けば分かるのだ」「先生の聞き方やっぱり上手だな」という気づきがあり、聞き手は、この人は最初は何を言っているか全然分からなかったけれども、質問をしていったら分かるようになったとか、この人もちゃんと考えていたのだという気づきがある。そのようにお互いに尊重し合いながら理解を目指しているのだと感じました。

　4年生の映像は、夢という難しいものを説明づけようとしています。自分たちの夢の記憶をもとに、泣いていたとか、ビルから落ちる夢を見たらベッドから落ちていたとか、そういう体験を一生懸命共有していました。図で表すなどして何とか伝え合おうとする工夫も見られます。ここでも子

124

どもたちは、「どうせ分からない」とは言わないわけです。「考えたってどうせ分からない」と大人は言いがちですが、そうではなく、自分が丁寧に考えていったら分かるはずだ、先生に聞いたり図鑑を見たりしなくても体験をもとにしてみんなで話し合って、共有していったら何か見えてくるはずだという、探究するということに対しての「信頼」が生まれているのだと思います。この探究への信頼も、道徳性とかかわりがあるのではないかと私は思います。

　高学年の映像での「悪いことをするのは不自由だと思います」という考えも、たぶん本人はほかの子にも伝わったと思っていた発言だと思います。意味が分からないので「は？」と言う児童もいましたが、それは不規則発言であり、手を挙げて話すときには「そこに飛躍があるから、もう少し丁寧に細かく説明してください」とか「こういうことですか。それとも別のことを言いたいのですか」という質問をしていました。最後まであの子たちは否定しなかった。否定しないで確認をし続けたことが、すごいと思いました。これは大人でもなかなかできないことです。

　私はこの映像のほかにも今までお茶小の「てつがく」科を何度も見学させていただいて、「てつがく」科を通じて子どもたちの道徳的な資質や姿勢が養われていると感じました。ここでは、「分からないからといって否定しない」という倫理的な態度が養われています。「私は分かっているつもりでも周りの人には分からない」「自分のうちはそうでも周りのうちはそうじゃない」「私とほかの人とは違うのだ、違うとこんなにも分からないのだ」ということを「てつがく」の授業の中で日々感じているのだと思います。

　分からないから否定してしまう、分からないから無視してしまうというのは他者に対してだけではありません。自分自身に対しても、自分の分からないところは見たくなかったり否定してしまったりすることがあります。世界に対しても、ものや現象で分からないことはなかったことにする、都合の悪いことは見なかったことにするということもできてしまいます。でも、それはとても不誠実で、倫理的な態度とは言えないですよね。子どもたちには、自分自身の中にある分からなさに対しても、他者の分からなさに対しても、世界の分からなさに対しても付き合い続けるよ、分からないからといってあなたを否定しないよ、という態度が養われているのではないでしょうか。

　なぜ「てつがく」でそんなことができるのかというと、「そういうふうにしなさいね」と先生が教えたからではなく、子どもたちが本当に不思議だなと思うことに関して一緒に考えよう、もっと分かりたいよというときに、「分からない」ということは肯定的なことになるからです。「分からなさ」は探究の原点ですし、私とあなたがこんなに違っているということをもとにして私たちは考えることができるので、分からないことは悪いことではない、違うことも悪いことではないという感覚が、まさに哲学することによって養われていると私は感じています。

　研究が最終年度ということで報告をまとめられるようですが、今までの年度の報告書の中で、子どもたちの評価のところに「○○できるようになりました」「○○が分かりました」という言葉がたくさんありました。けれども、「てつがく」の授業を評価するときに、最初の靴下の映像の子は、もしかしたら「こんなに頑張ったけど、うまく伝えられませんでした」と言うかもしれません。周りの子たちも「結局よく分かりませんでした」「もっとうまく質問できればよかった」と言うかもしれないと私は思います。そして、もしそう言ったら、それをもっと評価したいと思いました。「てつがく」の授業や哲学でやっていることを評価するときに、「分からなくなった」「できなかった」「難しかった」「混乱した」という言葉を、道徳性が養われている指標や徴表として扱うことができないのかといま考えています。これはご提案というか、ご相談というか、皆さんとこれから考えてみたいことです。

3 ▶ 奈須正裕先生（上智大学総合人間科学部教授）

(1)「子どもから」を視座にカリキュラムを考える

　私自身はもともとが心理学者で、いま教育課程にかかわっているので、カリキュラム論的に本校がやっている「てつがく」を少し考えてみたいと思います。「てつがく」と並んでもう一つの主題はお茶小の伝統である「子どもから」ということだと思うのですが、伝統的に「子どもから」ということが意味するものは二つあるのかなと思います。

　一つは教育方法。どのように学ぶ、教えるかということにおいて、もっと「子どもから」を大切にしようという姿勢。これは、一般的な子どもとして、もっと子どもの学びや育ちのメカニズムを大事にしようという動き。さらに、目の前の具体であるこの子から学びを生み出していこうという営みだろうと思います。

　そしてもう一つは、教育課程全体で子どもは育っているということ。ばらばらの教科を注入する対象ではない。教育課程が、どんな意味をもつかということに対する明晰な自覚。今回の学習指導要領でいうカリキュラム・マネジメントも、まさに「子どもから」という立場に立ったときに子どもに教育課程全体で何ができるかということを考えてから出てきているものですが、そこでは科学と生活の実践的統合ということが一つの大きな主題になってきます。日本の今の教育課程もそこをまさに目指しているわけですが、そこにおいて「てつがく」はどこに続き、どんな役割を果たすのかということを考えたいと思います。

　現行の日本の学習指導要領について、学校は科学、学問、芸術といった文化遺産を子どもたちに継承し、彼らが自分のものにし、自分たちの世代においてより発展させていくということを一つの課題としています。もう一つは生活の教育。今の日本の学習指導要領、教育課程は、この二つの柱を十全なものとすると同時に、二つの間に知の総合化という働きをもたせることで科学と生活の実践的統合を図ろうとしていると考えたいわけです。

(2) 新教科「てつがく」の位置づけ

　では、「てつがく」は教育課程のどこに位置づくのでしょうか。

　学科課程に位置づける、生活課程に位置づける、総合の一部あるいは代替として置く可能性、また、それとは別なものとして International Baccalaureate の TOK（Theory of knowledge）のように位置づけるという可能性もあります。もっとリアルでアクチュアルなものになると思いますが、ほかの課程と緊密に連携しながら Meta-learning を扱う中心領域として、本校がやっているような「てつがく」を発展的に位置づけるという可能性もあるかと思います。

　このようなことを考えるとき、本校の子どもたちがどんな姿を見せているのかということに注目します。一つは各教科の認識論的前提。今回の学習指導要領で言えば、その教科ならではの見方・考え方です。いろいろな知識や美や善や価値の生成の方法を、各教科は独自のものとしてもっています。それをもっとメタに子どもたちの、あるいは先生たちの自覚が深まり、子どもにもそれと分かるように教えるという動きが生じています。それを自在に使って自分がいま問うべき問いを懸命に問える子どもになっていく。それを通して生きることと教科を学ぶことの意味がもっとつながると、教科がより好きになるということがあるかなと。

第 5 章 「てつがく」を "てつがくする"

と同時に、教科の知識が外にどてっとあるものではなく、それも私と同じように人間がいつか問いをもって問うた結果として今あるのだという感覚に見え方が変わってくるということも子どもに起こってくるし、起こしたいと思います。それによって人類が累々と問いを発し、築いてきた文化遺産を今ここで受け取って、また私たちがそれをさらに発展させた先に受け継いでいく人類の一人として今ここに生きているのだという自覚をもたせる。大げさな言い方かもしれませんが、教科を学ぶごとに、そういったことも期待したいと思います。

そしてもう一つは、表現と思考の双方向的な補完。子どもたちがまず考える前に表現する。大事なことだと思います。思考してから表現するということもあります。これは今回の学習指導要領でも言われていますが、表現の豊かな機会を通して思考が深まるという双方向的なことを考えている。それは「てつがく」では起こっていますし、それを通して、学ぶとか知識というものが固定的で固着的なものではなく主体的で協働的に私たちが生み出すものだ、あるいは知識がどんどんよくなっていくのだという認識をもつようになるのではないかと思います。

最後に一点、総合などと比べたときの「てつがく」の大きな特徴は、自由な空想の翼をもつということではないかと思います。現実から、あるいは日常の生活から一段遊離して考えることによって、スケールの大きな、あるいは仮定としての問いが生まれる。これは、私は「てつがく」というアプローチの圧倒的な強みだと思っています。

同時に、小利口な子ども、口先だけの子ども、利那的に思考をまとめようとする子どもには、マキャヴェリズムの増長にもなりかねないという危うさを、総合のようなべたべたの生活教育をやっている者としては、哲学についてはいつも感じます。その辺の難しさがあると思います。哲学を学んでいく中で同時に自己と他者への誠実さ、あるいは具体への回帰の習慣を担保する必要が、特に初等教育では必要だろうし、中・高等の教育でも私は必要だと思います。

それを考えたときに、古典的な「子どもから」というのは、むしろ這い回る、地べたに這いつくばって這い回るということを一方で言われたわけですが、生活だけで生活を抜本的に改善することは不可能です。科学だけが生活を抜本的に改善し得るのです。

例えば、地動説を理解するのが難しいのは、ぼくらが教えるときの「地球がここにあって、太陽はここにあるでしょう」というのは、神様の視点ですから、あの視点位置には通常は立てない。逆に言えば、科学という翼によって、あの視点位置に身体は立てないけれども頭があそこに行くことが可能なわけで、まさに科学あるいは哲学はそういう翼を与えてくれると思うのですが、私はその両面からの作戦が大事だと思っています。科学だけでは生活の改善には不十分だと。その意味で具体的な生活創造の営み、総合のようなものと、むしろ抽象化した意味の抽出を行う哲学のようなものが両面必要だろうと。そういう意味で教育課程の組み直しが大事かなと。

私自身の関心で言うと、今度、高等学校の学習指導要領を「総合的な探究の時間」としました。どちらかというと哲学とか TOK のような方向にもっと向かっていただきたいという思いがあります。生き方は doing です。在り方は being です。まさに哲学的な、私がどうあるべきか、どうありたいのかということを一段抽象化した内省的な問題として考えることを高等学校で求めたいという意思から「総合的な探究の時間」が今回つくられています。

と同時に、私が目の前にある生々しい問題と身体で対峙する、向かい合うということも、汗をかくということも必要だと。その往還の中で私ということは強く鍛えられていくのだと考えています。そうなったときに本校の「てつがく」でやってきたような実践的な知見、その積み上げが、今後の日本の教育課程には極めて重要だということを申し上げて私の報告としたいと思います。

2

研究協議

池田 それでは、お考えになられたことをさらに深めていくためにも、それぞれのパネラーの先生方に、ほかの先生方のご発表を伺って考えたこと、あるいはぜひこれはもう少し聞いてみたいと思うことがあればそれをお出しいただきます。まずクロス的にお話を伺ってみることを試みてみたいと思います。では、小玉先生からお願いします。

小玉 神戸さんが最後におっしゃっていた、「できなかった」「分からなくなった」という表現をもっと評価できないかという問題。この辺りの視点は結構重要で、

〔司会〕池田全之（お茶の水女子大学附属小学校校長）

私が最後に申し上げた、ビースタの不和の顕在化といったところとも少し重なるのかもしれません。

つまり、伝わらなかったということもそうですし、かみ合わなかったということもそうで、それによって混乱したということもそうだし、6年生の自由をめぐる議論は、最後はSさんがまとめたのでうまくかみ合ったような様相にはなったのですが、やはり不和は不和という形で残ったということ。むしろそれが可視化されて、I君とF君の間の自由の考え方はそもそも相いれないということは相互に認識し合っているわけなので、そういうことが重要なのではないでしょうか。

小玉重夫（東京大学）

低学年のうちは共通了解に至るプロセスは非常に丁寧にやるのですが、丁寧にやっていけばいくほど、高学年になると逆に価値の違いや認識の違いのようなものがあらわになります。どうしても教育というと、そういう物事の違い、対立、ずれみたいなものはネガティブに扱われがちですが、哲学の場合には、そこをむしろポジティブに位置づけるというところが重要なのです。

それから、奈須さんの生活課程と学科課程をつなぐというのは、私の描いた図の古いアカデミズムと市民をつなぐというところに重なります。学科課程はまさに古いアカデミズムを代表していて、生活課程は市民性を代表しているとすると、そこを媒介させる知の総合化というところに哲学が位置づくと考えれば、哲学は生活課程の一部でもないし学科課程の一部でもない、むしろ媒介項という意味では独立のものとして位置づけるというところになり得る可能性があると考えられますね。

私自身は、高大接続改革は最終的には大学を変えるというところに行き着くのかなと、自分自身が高等教育に身を置く人間として実感をもって最近感じることが多いです。各教科の認識論的前提自体が恐らく今後問い直されていくので、地理とか公民という形で今例えば存在している教科も、それ自体がもしかしたら現代において再編成していかなければならないという可能性がある。

そこをむしろラディカルに問い直していくようなことが、まさに古典的な学問の管制高地というか総大将みたいなものだった哲学というものを逆に乳幼児から小学校の段階に入れていく話というのは、哲学の位置づけをあえて逆転させることで、既存の学問そのものの、学科課程を最終的には

組み替えていくみたいな、そういうところになっていくと結構おもしろいのではないかと思いました。

池田 ありがとうございます。次に神戸先生、お願いします。

神戸 小玉先生の不和を顕在化させるというビースタのところのお話は私もとても共感をするのですが、自分が教師として学級の中に入っていくということをイメージするととても怖いことでもあります。先生という立場でそこにいるときはクラスがまとまっていてくれたほうがありがたいですし、あまり不和はない、顕在化しない方が助かるという気持ちもやはりどこかにあります。そうではなくそれが大事なのだといくら自分に言い聞かせても、怖いものは怖いというところがありますし、わざわざ不和が顕れる方向に働きかけることは考えにくいです。

神戸和佳子（東洋大学京北中学高等学校）

ですから、小玉先生には、不和が顕在化していきながら学級崩壊をしないような工夫や、教師が怖がらないで、教師としてどういう立場でそこにいればいいのかということ、不和が顕在化しているけれども、それが問題にならないような生徒同士の関係性はどんなものなのかといったことを、もう少し具体的にお話いただけたらうれしく思います。

奈須先生には、哲学の位置づけとして TOK のような位置づけもあり得るという話はおもしろいと思いました。ただ IB では TOK だけが特別なわけではなく TOK と連動して各教科と呼ばれているようなものの形や意味合い自体が大変異なると思います。そう考えると、仮にいまある学科課程と生活課程の隣や真ん中に哲学が置かれたとしても、TOK のようには機能しないだろうと思うのですが、そうしたときに既存の教科のとらえが変わったり、教科自体が何か組み替わっていったり変化していく可能性があるのかどうか。あるとしたら、どのようなものかということをぜひお伺いしたいです。

池田 奈須先生、まず、パネラーに質問をお願いします。

奈須 とても納得してしまったのであまり聞くことはないのですが、逆に言うと、小玉先生の話を聞いていて思ったのは、学びがドラスティックに変わっていくそのときに逆に安定したカリキュラムという、それこそ先ほどの学科課程みたいなトラディショナルなカリキュラムはもう存在意義がないのか。あるいはもっと言うと、崩壊して組み替えられるのかという話。僕はどちらでもあり得ると思うけれども、その辺はどう考えたらいいのか。

高等教育もそうです。現状の高等教育の、特に日本の学科を支えている学問体系はもうどうしようもないと思っていて、こんなことを続けても駄目だろうと思っているのですが、だからといって、それが本当に根源的な問い直しが起こってきて崩れかかったときには、それは崩してしまってもいいのか、あるいは崩しても崩しても崩れないだろうという中で常に実践としてトライし続ければいいという話なのか、その辺がどうなのかといつも思っています。

小玉 まず今の奈須さんの話で言うと、いま大学入試改革がいろいろともめています。センター試験が2年後になくなり、その後に新しいテストのときに英語で民間試験を使うか使わないかみたいな話ももしかしたらこういうところにかかわってくるかもしれない。

それから、社会系でも歴史総合、公共が高等学校でそれぞれ必修になると、だんだん社会という

一つのまとまりに、もう一度収束していく可能性も含めてあるのかなとか、そういうベースになる哲学的な部分が小学校から展開されていけば、個別の学問のディシプリンの改編みたいなものにもつながっていくのかなというようなことがあります。

それから、不和に関して、高校のイメージで言うと、不和が起こりやすい行事の運営とか生徒会活動では、不和を使って生徒の政治的な主体性、エージェンシーみたいなものをけしかけて何かやっていくようなことはイメージがしやすい。でもいきなり授業というと、なかなか難しいかもしれない。主権者教育にシティズンシップ教育の一環として関心をもっているという立場からいうと、そういったところは一つのとっかかりとしてあるのかと思います。

授業では、教師というものが立っている立ち位置が、ある種の知的なオーソリティーみたいなものだという前提をもって教員は教室の前に立たざるを得ないというものがあるから、教員の知的武装解除みたいなものがいかにして可能なのかというようなところを詰めていくというところがあります。

小学校の先生は比較的武装解除しやすいから、サークルの中に一緒になって入って語らうことができると思います。しかし、神戸先生は京北高校でもそれをやられているわけなので、そこもまさに哲学対話が小・中・高と入っていくというところが教員の知的な武装解除みたいなものの一つのきっかけになり、それを新しいタイプの哲学の担い手みたいなところに先生がなるという一つの方向性としてはあるのかと思ったりします。その辺は神戸さん含めて現場の先生方の経験談などを共有することに意義を感じます。

池田 それでは、奈須先生、いかがでしょうか。

奈須 先ほど神戸先生が言われた教科が変わらなくていいのかという問いは、小玉先生がおっしゃったように、教科もすっかり変わっていく、つまりコンテンツ・ベースから、コンピテンシー・ベースになりつつあるので変わっていくということだろうし、あるいはTOKのようなものが入ってくることによって学校の教育課程の意味合いや位置づけが変わってきて次第に教科も変わらざるを得なくなってくることが自然かと思います。

奈須正裕（上智大学）

もう一つ思ったのは、小玉先生の不和の話は、私の言っていることと重なります。不和のことで言うと、日本の実際の伝統にもそういうものはあり、一人でまず考える、それをみんなで議論する、でもそこで収束しない。相互学習で練り合っていくけれども最後もう一度一人ひとりの学び、独自学習に戻していって、みんなで議論してこうだということをいろいろ考えたけれども、私は最終的に私としてどう考えるというところに戻っていく。それでいいのだ、すべての授業が学びというのはそういうものだというのは木下の学習法として大正時代にも言われていた。

それは一種の不和です。でも、不和のようだけれど不和ではない。だからそれは100年も前から考えられていて、教育方法とか学習のモデルとしては、不和という言い方が強く聞こえるけれども、人間がそもそも学ぶとか学校で学びをどう保障するかを考えていかなければならないという話につながります。今回、大学入試改革もそうですが、枠組みがコンテンツではなくなりコンピテンシーになりつつあるということで、むしろ最後一人で、自分で引き受けてちゃんと自分のものにしていくという学びにしていかないと、今後、実はコンピテンシー・テスティングが絶えないという

第5章 「てつがく」を"てつがくする"

こともあるので、それは案外大丈夫かと思って伺っていました。
池田 神戸先生、どうですか。
神戸 知的な意味での不和ならばよいのですが、生き方、在り方にかかわるような価値的なことを哲学の授業で話していくときに見えてくるずれや分からなさは、子どもにとっても教師にとっても相当つらいものです。すごく生々しい体験談も出てくるし、子どもたちの一つひとつの主張のもとには、家族や友達との具体的な人間関係や、それに伴う複雑な思いがあります。「疑問に思ったことを書いてごらん」と言うと、高校生だったら、毎年、痴漢に遭った生徒から「何でこんな目に遭わなきゃいけないの」という切実な問いが出てきたりするのです。

そういう知性のレベルで処理できないようなことをもとにして主張がなされる。不和が顕在化していくというのは、私たちにとってすごくヒリヒリするような教室になるということです。

見なかったふりをしてずるずると3年間や6年間を過ごして卒業していくくらいだったら、根っこにある本当の思いが言えなくても問題をテーブルの上に置いて吟味してみるとか、もし言えるのだったら言いながら考えてみるとか、それこそ知的にとらえ直してみるということはとても大事なことだと思います。ただ、そういうレベルでの不和がどんどん起きていき、毎日あるいは毎週そういうヒリヒリする授業があるのは相当つらいことだと思います。

「教科の中で話し合いをしましょう。その中でみんなの違いをふまえてもっとよく理解しましょう」ぐらいの話なら、「はい、はい」という感じですが、生き方、在り方にかかわるようなことや実存的な問題を話し合っていく、しかもそれを吟味し続けて考え続けていくというのは相当負荷が大きいことです。そのときに教師だけが超越的なポジションにいて話を整理するということはできない。しかし、その対話の中にドロッと溶けてしまい、子どもたちとまったく同じ立場でいるというのも、とても恐ろしくてできない。というときに、教師とか教室とか学校というものの意味はどうなっていくのかな、どうとらえたらいいのかなということを考えていました。
池田 フロアの方々、どうもありがとうございました。

$\dfrac{3}{}$

質疑応答

Q 哲学教育の視点は、どのように学校教育に反映されていますか。

「てつがく」という時間をカリキュラムの中に位置づける意義として、教科の認識論的な基盤自体を哲学的に問い直していくことが挙げられます。

それから、哲学教育を通して、それぞれの子どもたちの認識の違いや不和が顕在化していくことは、ある種のきつさ、生きづらさみたいなものにもつながっていく可能性があります。それはもともと哲学という教育が聴き合うことを大切にする、相手の話をお互いが理解し合うところを前提にして出発しているからです。この前提は崩してはいけないポイントです。だから、それぞれが言っていることが、言っていることとしては理解できることを前提にして議論が展開していくところがポイントかと思います。

この種の実践をすると、みんなが何でも言ってもいいような関係では、カミングアウト大会になってしまう。そうならないためのいろいろな手だてみたいなことを同時に考えていく必要性があるのではないでしょうか。千葉雅也という哲学者が、自分の中に抱え込んでいる闇みたいなものは誰しももっていて、闇は闇としてある程度もっておきたい部分はあるのではないかというようなことを言っています。そういうものを前提とした上での哲学対話なのだということをいかにして実践的に保障していくかかという部分は、すごく重要になってくると思います。　　　　　　　　　　（小玉）

Q 学校生活全体で「てつがく」の問い直す姿勢を育てるとしたらどんなやり方があり得るのでしょうか？

どんなことでもそうですが、特定の時間にだけ特殊なことをしていても、それが子どもたちに身につくことはまずありません。これは「てつがく」も同様です。つまり、どんなに素晴らしい「てつがく」の授業が行われても、哲学的に物事を問う姿勢・問い直す姿勢、違いや分からなさを大切にする態度が、学校生活の全体に浸透していかなければ、期待されている道徳性や市民性や思考力が身につくことはないと思います。

ただ、学校生活を哲学的な指導で貫くのは大変なことでもあります。教科の授業でも行事でも生活指導でも、いちいち「これはどういうことか」「なぜそうするのか」と立ち止まって考えていては、学校生活が滞ってしまうからです。しかし、その「滞りがないこと」の方が問題だという場面があることも、教師であればみな分かっていることだと思います。そういう場面で、それをなかったことにせず、教師も生徒もみんなで問い、考え、対話することが大切だと思います。「どんなやり方があるか」と失敗しない道を探していては、それはできません。必要なのは、やり方ではなく、覚悟です。　　　　　　　　　　（神戸）

第5章 「てつがく」を“てつがくする”

Q 「てつがく」は教育課程のどこに位置づくのでしょうか。

　海外での教育を受けた学生の話では、アメリカなどでは哲学の時間は特にないそうです。ただ、自分の実感としては、哲学のような学びが各教科の中にビルトインした形で行われています。現状、日本では子どもが問いをもって学ぶという授業になっていないと思います。子どもが問いをもつ、あるいは問いのもち方を各教科内で教科の特質に応じて指導する段階にまずいかなければいけないと思います。と同時に、哲学のようなものを教科とは別の領域として独自に設定することにも、少なくとも二つは意味があると思います。

　一つは道徳教育も同じです。日本の道徳教育では全教科にわたってやることになっているけれども、「特別の教科 道徳」の補充、深化、統合する領域のように生活や教科で学んでいる道徳的な価値をそれと了解して結びつけて心にしずめる領域はあるといいと思います。それにより、いろいろなことが自覚化されて同化して使えます。

　もう一つは、各教科でやると教科の特性に応じてやりますから、それを教科横断的に結び付けることも大事だと思います。すると、各教科で一段抽象化したレベルで整理・統合されていきます。それにより、教科を横断して自在にそれらが使えるようになることを期待しています。いわゆる生活教育は、全体にそういうことを目指しているわけです。

(奈須)

Q 「てつがく」で、少数派の意見を尊重するために、教師側はどのような姿勢で臨めばよいのでしょうか？

　対話のペースをゆっくりにして、とにかく待つようにします。まずはよく聴くことが大切だ、という態度がクラスの中で共有されていくにつれて、多数派の声や大きな声に流されることは少なくなると思います。ただ、子どもたちには、聴くばかりではなく「自分の考えを話したい、自分の考えをみんなに聞いてほしい」という思いもあり、それも大切にしたいところですので、聴くことの大切さと話したい気持ちのバランスをとりながらといったところです。

　また、教師が、自分はたいていマジョリティーの側にいるということを自覚しておくことも重要だと思います。必ずしもそうではないと思われる先生もいらっしゃるかもしれませんが、教師は教室の中で大きな権力をもっていますし、また、教職につくことができている時点で、社会的にもそれなりに恵まれた立場にあると言えるでしょう。無意識に振る舞えば、教師がマイノリティーを抑圧する危険があるということは、気をつけていても気をつけすぎるということはないと思います。

　「違うことが悪いことではない」「少数派でも正しいことがある」などといったことを理解するのは、小学校低学年では難しいのではありませんか、というご意見もいただきました。たしかにこれはとても難しいことです。しかし、それは発達段階的に難しいというだけではなく、大人にとっても同じように難しいことではないでしょうか。すぐにそうすることができなくても、年少の頃から日々繰り返し、習慣的に学んでいくことが大切なことだと思います。教えるのが早すぎるということはないのではないでしょうか。

(神戸)

Q 道徳や哲学教育は各教科でも扱うことが可能ではないでしょうか。特に、美術や図工における哲学教育についてはどのように考えることができるでしょうか。

　国語の話すこと・聞くことは、相手の知識状態、相手の関心事、相手の文脈を把握して話したり聞いたりするということで、そういうことがまさに「てつがく」での姿にもありました。自分が思っている概念と違う概念で話していることが了解され、ではどういう概念で話しているのだろうということを、これまで話した内容から推論して、そして確かめる質問をしたというやりとりがありました。

　それを形式的に言えば国語科でやってもいいのですが、国語科に全部もっていけるかというと、なかなか難しいかなという気もしています。そういう意味では、それぞれの教科の学力が哲学にもち込まれ、哲学で起こった対話の経験がまた教科に戻されることがあったらいいのかもしれません。

　それから哲学と造形表現。まず、図工・美術は、科学的な問題解決とは違う、質の高い問題解決の形態だということ。それから、表現をする、しかも身体的に、視覚的に表現することが言語とはまた違うモードで、それでしか到達できない質を活性化するということ。また、つくってしまったものを通して私の内面が問われるという可能性など膨大な可能性があると思います。

　もう一つ思うのは、子どもが作品の相互鑑賞を行ったときにその子が自分の作品を示して「自分はこんな意図で」とか、あるいは意図はしゃべらなくてもそれをどう見てどう感じたというやりとりの中で、「私」と違う感じ方をしているということは分かる。どうすればその感じ方になるのかをその子の背中に回り、その子が見ている世界をその子の目になって見たいというようなことが美術や図工で起こってきますが、それはまさに先ほどの哲学対話で起こったようなことの、しかも言語にとらわれない、もっと高次なというか別のモードでの実践のような気がします。とてもいいアイデアをいただいたので、また考えてみます。

(奈須)

Q 道徳との違いは何でしょうか。

　哲学の実践が特別の教科である道徳の参考になるのかと言うと、ケース・バイ・ケースだと思います。道徳の研究指定校の実践を見ていても、教科書の中にいくつもの答えが可能な複数の価値が混在する教材があるので、そういうものをいかにして本校がやっている哲学的なものに近い形で実践していくのかというところは十分可能性があるのではないかと思います。

　それから、高校生が調べたものをちょっと聞いたのですが、例えばLGBTの問題についても教科書の教材として扱っている会社が何社かあるそうで、そういう問題意識をもって編集している教科書会社や執筆者もおられると思うので、そういうところをうまく活用することはできるのかと思ったりもします。

(小玉)

第5章 「てつがく」を"てつがくする"

Q 「特別の教科 道徳」でも、考え、議論する道徳という思考がありますが、そのことと哲学を通じて養う道徳は何が違い、どんな可能性があるのでしょうか。

　考え議論する道徳を実現するのは、簡単なことではないと思います。道徳では、ある徳目を教えなさいということは、もう決まっているわけですが、1時間に一つの徳目を扱うときに、それについて議論していった場合、哲学教育の視点では、例えば徳目と関連する違う徳目の話がどんどん出てきたらそれでもいいのかなとか、そういう徳目を話し合っていった結果、最後どうしても納得がいかない子がいたら、それは教育の失敗ということになってしまうのかとか、疑問がたくさん出てきます。「特別の教科 道徳」がそういう疑問に答え得るものであればよいのですが、今のところ疑問が残る気がします。こういうことが起きたらどうするのだろうというたくさんの疑問、例えば、徳目はいっぱい横断したらいけないのかなとか、吟味することをどういう意味でとらえればいいのかなとかということに、実践する中で教師は直面することになると思います。ですから、全然違うことをやっているとは思わないのですが、「特別の教科 道徳」で言われていることが何なのかということを考えていくときに、哲学ということが一つの切り口になるのではないかと今のところ考えています。

(神戸)

Q 教科教育に「てつがく」で見られるような「分からなさ」を起点とした探究への動機づけをどのように生かしているか教えてください。

　教科は決まった教えるべき内容もあるので、生徒が思っている本当の問いや分からなさを直接取り上げる授業はなかなかしづらいということがあります。ですから私もあまりできていませんが、授業を受けて浮かんできた問いを書き残す、分からないことをグループやクラスで共有する、オープンクエスチョンについて考える時間を少しでもとるといったことは、なるべく心がけています。

　また、よいことかどうか分かりませんが、私は、「分からない」とか「どうして?」と言うと喜ぶ先生だと生徒から思われています。それによって、生徒たちが安心して「これ、難しいね、謎だね」「よく分かんなくなってきた」「どうしてそうなるんだろう」などと口に出してくれているように思います。なぜ分からないのかと責めたり、疑問を示されたときに困惑したりせずに、分からないと感じたり表明したりすることはいいことだと思っているよ、というのを教師が示し続け、肯定し続けることが第一歩だと思います。私の授業はまだ第一歩までしか進めていないので、この先はぜひみなさんと一緒に考えたいです。

　学校では、分からないということは「目標を達成できていない」「理解が不十分である」などとネガティブにとらえられがちですが、本来、「なんて不思議なんだろう」「なんて複雑で難しいんだろう」という気持ちは、とてもわくわくするような、すてきなことだと思います。そういう「なんて不思議」という感覚を共有していくような授業ができたらいいなと思っています。

(神戸)

Q 学校、教室では強くあらねばならないと意識している教師に対して同僚、上司、または組織としてどのようにアプローチしたらよいですか。

　私が働いている東洋大学京北中学高等学校でも哲学教育に取り組んでいるのですが、そこではいろいろな先生がそれぞれの個性や教科の専門性を生かした哲学の授業をしています。

　生徒に強いと思われている先生は、たしかにあまり「分からない」とは言いませんが、それはそれで哲学の授業はすごくおもしろくて私は大好きです。全知全能の神と生徒から言われていて、本人もそれを売りにしている先生がいるのですが、そういう先生は、例えば「俺はおまえたちに何を言われても全部反論してやるから、俺を論破してみろ」みたいな哲学の授業をやったりするのです。そう言われると、生徒たちは喜びます。それで生徒側が論破されてしまったら、「すごい。そんなに考えられるのだ」となるし、逆にもし、そんな強い先生を論破できたらうれしいわけです。そのように、ある種の壁とか超越的な存在として対峙するというアプローチをご自分で考える先生もいます。

　生徒と教師がどちらも安心して楽しく深く考えることが大切で、それができればどんなやり方でも構わないと思います。私の勤務校の取り組みでとてもすてきだと思うのは、1年間同じ先生が哲学の授業を担当するということをしないことです。2人1組のTTで、1年間に4組の先生と会う。同じクラスに8人の違う先生が来る。そんなふうに、いろいろなものの考え方や対峙の仕方に触れる機会を保障できれば、教師が必ずしも同じような種類の哲学の授業をしなくてもいいのではないかと思います。

　逆に、いつも分からないよね、難しいよねという先生にばかり当たっていると哲学の授業は眠い授業だと思い始める子もいるので、そこは組織として、同僚・上司としてということであれば、個性を生かしてみんなでやるという考えが本当の答えだと思います。

(神戸)

Q 生徒の議論が終わった後にさらに先生が入って、一般的な道徳（倫理観）と照らし合わせて議論を深めるといった取り組みはされているでしょうか。

　「てつがく」の授業では、教師による一般的な総括はやっていません。それは、その時間の議論による子どもの気づきこそが大切であると考えているからです。たしかに既存の文化価値を示すことは大切です。規範意識の希薄化が叫ばれる昨今、それらの積極的提示が求められていることもまた事実でしょう。「特別の教科　道徳」が開始されたことの背景には、こうした子どもを巡る事情があったはずです。しかし、教師が授業の終末部で、一般的価値を提示する形では、子どもたち自身の気づきが、結局は、教師の提示する価値観に総括されていく恐れがあると思います。（たとえ有用で正しいものであるとしても）一般価値については、やはり子ども自身が自分の生活の中からその意義に気づくことこそが、本当の意味での価値への気づきにつながるのではないかと思います。さらに、伝統的価値の客観的妥当性が不透明になってきた現代においては、自分で何が道徳的問題なのかを構成し、その解決法を探る姿勢こそが、これからの子どもたちにいっそう必要な資質であると考えている次第です（このことについては、本書のプロローグを参照して下さい）。

(池田)

第5章 「てつがく」を "てつがくする"

Q 「てつがく」は、具体的な生活事象の問題へとどう架橋されるのでしょうか。あるいは、各教科の中でどう展開されるのか、具体例があれば教えてください。

　子ども哲学の提唱者である、リップマンも言っていますが、これからの民主的社会の形成を考える場合には、批判的思考、創造的思考、ケア的思考という資質が不可欠になります。そして、伝統的価値の普遍性を墨守するだけではやっていけなくなったとき、新しい価値を共同してつくり出していくことが求められます。新教科「てつがく」はこうした資質の育成を目指しています。そして、扱う問題によっては、教科で学んだ内容（科学のミニチュア版）を糾合して子どもは問題を思考します。お茶小の場合には、「てつがく」は子どもの生活世界から子ども自身がとり出してきた問題を考察していますので、具体と抽象の架橋は常になされていると考えています。また、教科の学習においても、先述した三つの思考は「聴く姿勢」として、あらゆる教科学習のベースにあると思います。

　他教科との関係では、新教科「てつがく」で育成されるこれらの三つの思考は、相手の発言にじっくりと傾聴し、自分の考えを吟味する姿勢、相手の思考に寄り添って、どうしてそのように考えるのかを理解しようとする姿勢、異なる意見に直面したとき、どこに自分との共通点があるのか、あるいは異質な思考と折り合いをつけうるのかを積極的に考える姿勢として、あらゆる教科での学びの根本を形成するものであると思います。

(池田)

Q 家庭でどういう会話や補いがあるべきでしょうか？「てつがく」の家庭学習の在り方はどう考えていますか？

　子どもたちの疑問に耳を傾けてやってください。あるいは、子どもがこう思うと意見表明したときには、あえて、それと反対の意見を示してやって、それをどう思うか一緒に考えてあげてください。図書館や書店には、現在、こども哲学の読み物が沢山出ていますので、家庭で子どもと一緒にそうしたものを読み合って、考えたことを話し合ってください。扱われている問題は、自由や感情、派など、哲学史がおよそ3000年かけて考えてきたようなものですから、要は、子どもの現在の発達段階なりの気づきがあればいいわけです。

(池田)

　学校では、学校にいる人（クラスメートや教員）としか、一緒に考えることができません。また、学校の中にある「ふしぎ」にしか出会うことができません。ですからご家庭では、保護者の方々や、学校では出会えない方々と、一緒に考える時間をもっていただけたら、より考えが広がると思います。また、暮らしの中にある様々な「ふしぎ」を見つけて味わっていただけたら、問いももっとたくさん生まれてくるでしょう。ぜひ、子どもたちとともに、大人も哲学してください。

(神戸)

寄　稿

新教科「てつがく」の意義

教職員支援機構・大杉昭英

　以前から、日本の小・中・高等学校に「哲学」という教科・科目がどうしてないのだろうか？一時間中ずっと何かを突き詰めて考える授業がなぜないのだろうか？　という疑問をもっていた。しかし、そのような授業のスタイルはどのようなものになるのか、具体的な姿を描くことができなかった。このようなとき、ハワイ大学で行われていたp4cH（philosophy for children Hawaii：子どもたちの「てつがく」ハワイ：の略）の活動を知り、その答えが見つかったような気がした。この活動では、小・中・高等学校の先生方を支援して、次のような授業づくりを行っている。まずはじめに現実に起こった出来事を示す。次にこの出来事に対して追究したいこと（問い）を一人が二個ずつ提案し、それらのうち、クラス全体で何を「問い」として取り上げ話し合うのかを多数決で決める。その上で、みんなで議論し「問い」を探究してゆくといったものである。追究テーマとして "What is wisdom? Can everyone be wise?" のようなものがあがっていた。

　こうした授業を見るのは初めてであった。新鮮であり、これまで日本で見てきた授業と本質的に何が違うのかを考える契機にもなった。思うに、日本の授業はこれまで実在論的な知識観にもとづくものが主流になっていたのではなかろうか。この知識観は、人間がいてもいなくても、この世界にはあらかじめ一定の秩序・構造が客観的に存在しており（例えば、人類が現れる前から太陽は東から上り西に沈むとか、質量の小さいものは質量の大きいものに引っ張られるというニュートンの万有引力の法則など）、人間はそれを発見することができるというものである[註1]。この考え方にしたがって授業づくりをすると次のようになる。事前に教師が教材研究を行って世界の秩序・構造を見つけておく。そして、授業の導入で学習課題（追究テーマ）を設定し、補助的な発問や資料を用意して教師と同様の追究プロセスを児童・生徒にたどらせるようにすれば、世界の秩序・構造を見つけることができると考えるのである。言うならば、定まった答えのある「問い」を設定して、児童・生徒にそれを追究させる教師主導の学習指導といった、日本で見慣れた授業となる。ここでは、児童・生徒が追究課題を明確に把握していたか、「問い」を追究した結果、確かに正しい「答え」を発見したか（あるいはたどり着いたか）などが授業のポイントとなろう。

　一方、p4cHを展開する先生方の授業では、社会構成主義的な知識観があると考えられる。この知識観は、そもそも、世界には一定の秩序・構造があるかどうか分からないという前提に立つ。秩序・構造は人間が話し合って考え出し世界に押しつけたのであり、社会が変われば秩序・構造も変わると考える[註2]。この考え方にしたがって授業づくりをすると次のようになる。まず追究すべき学習課題は児童・生徒間で対立が生じ、問題性が自覚されてはじめて設定される。そして、学習課題について児童・生徒がコミュニケーションを通して合意を形成し、答えをつくり上げる。言うならば、定まった「答え」のない「問い」を児童・生徒に話し合いを通して追究させる授業となるのである。ここでは、児童・生徒が合意形成のプロセスを踏んで「答え」をつくりだしたかという手続の正当性や、多くの人に受け入れられる妥当性が「答え」にあるかどうかが授業のポイントとなろう。

　最近、このようなタイプの授業が日本でも見られるようになった。国際バカロレア認定校の必修科目「TOK」（Theory of Knowledge の略）で行われている授業である。文部科学省のホームページによると、この科目では「知識の本質」について考え、「知識に関する主張」を分析し、知識の

第 5 章　「てつがく」を“てつがくする”

構築に関する問いを探究することで、批判的思考を培い、生徒が自分なりのものの見方や、他人との違いを自覚できるよう促すものになるという。実際に、関西にあるバカロレア認定校の授業を参観したことがある。高校 2 年生を対象に「数学と芸術との関係」をテーマにしたものであったように記憶しているが、教室にある時計などの動きを題材にして授業が展開されていた。授業後、生徒に感想を聞くと、「先生も答えを知らない問題を自分たちと一緒に追究することが楽しい」と答えたのがとても印象的であった。このような能力が世界の諸国で求められているようだ。

　しかし、こうした社会構成主義的な知識観にもとづく授業では、児童・生徒の話し合いで合意形成したものを「答え」とするので、そのことに抵抗がある人も多いだろう。確かに、児童・生徒が常識の範囲を超え、より高次の「答え」をつくり上げるには、児童・生徒の話し合いと合意を尊重しながらも教師の指導により、これまで人類がつくり上げ蓄積してきた知識を構成主義的に学び、身につけさせることが必要である。見方を変えれば、これらの知識は大人にとっては既存のものだが、児童・生徒にとっては未知のものである。そこで、教師のサポートを得ながら児童・生徒自身がつくり上げるという、方法論的社会構成主義とも言うべき考え方で学ばせることがあってもよいと考える。そして、身につけた知識を使いながら定まった「答え」のない「問い」を追究する授業づくりを行うことが必要ではないだろうか。最近読んだ認知心理学の本で紹介されたものに興味深いものがあった[註3]。それは「魚は魚」という話である。空想の世界であるが、ある魚が池から出て人間世界を見聞し、それを池にいるほかの魚たちに伝えるのである。そうすると水中の生活経験しかない魚は、人間の姿を尾ひれのついた魚のような形をした二足歩行の動物と思い描くという話である。つまり、人はそれまでもっていた素朴概念をもとに新たなものをとらえ解釈するが、往々にして誤概念を含むという例え話である。そして、認知心理学においては、次のような見解があるようだ。構成主義者には、教師が新しい知識を直接的に教えるべきではなく、児童・生徒たちに構成させるべきだという考えが見られるが、この考え方は認知理論と教授理論を混同している。児童・生徒が自分で問題に取り組んだあとであれば、教師が児童・生徒の既有知識に留意しながら考える方向性を示して教える方が効果的だというものである[註4]。こうした見解をふまえると、児童・生徒が教師の指導の下、知識を身につけそれを活用して、定まった「答え」のない問題を追究する授業の意義は大きい。

　さて、お茶の水女子大学附属小学校で行われている「てつがく」の授業は、児童が常日頃あたり前だと思っていることを疑い、問いを立て、自分たちで答えを探す活動を重視した新しい授業の在り方を求めている。こうした授業は、世界や自分を深く知るための学びとなり、様々な教科学習の基礎となるはずである。教師と児童がつくる「てつがく」の今後の発展を期待したい。

【註】
1)　戸田山和久（2005）『科学哲学の冒険』NHK ブックス　参照
2)　同上 1)　参照
3)　米国学術研究推進会議編著／森敏昭・秋田喜代美監訳（2012）『授業を変える―認知心理学のさらなる挑戦―』北大路書房　参照
4)　同上 3)　参照

寄　稿
「てつがく」科の評価を考える前に

お茶の水女子大学名誉教授・内藤俊史

「てつがく」科における評価の手だてを考える前に、心に留めておくべき二つの点を挙げる。

1．過程の評価

初めに、「てつがく」科のもつ一般的な性質が、どのような評価の在り方を求めるのかを考えることにしよう。「てつがく」科の特徴は何かという問いに対して一言で答えるのは難しい。しかし、あえて言えば、「てつがく」科は、「過程像志向」の教育を目指した教育の典型と言えよう。「過程像志向」という語は、村井実が、教育思想や教育活動を分類するために、対立する「結果像志向」という言葉とあわせて提案した概念である。教育の目標として、人間の成長や学習の結果の姿を描き、それに向けて教育を行うのが結果像志向の教育である。それに対して、過程像志向の教育は、結果像を自ら探究し、その姿を自分のものにしようとする子どもたちに対して、その過程の在り方に働きかける教育活動である。

「てつがく」科では、あらかじめ「正しい回答」「正しい判断」が決められているわけではなく、それらは子どもたち自身が見出していくものとされる。ただし、自由放任というわけではなく、正しい論理や探究の手続き、方法を通して、初めて目標は到達される。したがって、この分類にしたがえば、「てつがく」科は過程像志向の教育ということが言える。

それでは、過程像志向の教育である「てつがく」科には、どのような評価が求められるのだろうか。明らかなことは、評価は、「過程」への関心にもとづくものになることである。また、一般的に言えば、過程にかかわると考えられる側面、すなわち、持続的な学習意欲といった動機付けの面、学ぶための基本的な方法や技術、そして、自己の学習や成長を評価したりあらためて計画立てたりする能力に焦点が当てられる。

「てつがく」科における話し合い（対話）の場合を考えてみよう。「てつがく」科では、子どもたちは、話し合いを通して、様々なテーマについて考える―「思いやりとは何か」「幸福とは」「多数決の限界は」等々。子どもたちは、話し合いの過程を通して、子どもたちなりの考えにたどり着く。このような話し合いが適切に機能しているかどうかは、過程像志向の教育では重要な評価の対象になる。なぜなら、話し合いは、てつがく科における「過程」、あるいは方法そのものといってもよいからである。しかし、それを妨げる要因も多く挙げられている。話し合いへの独断的な態度と無力感のような要因に関しては、それらを察知する働きが教育評価に求められることになる。

独断的になったり、逆に話し合いに対する無力感は、これまで道徳性の発達心理学の中で問題としてとりあげられてきた。一見、お互いに相対する態度のようにも見えるが、両者とも話し合いを無意味なものとみなすことで一致する―「これ以上考えても無駄」「話し合ってもしかたがない」等々。その結果、話し合いは、正しさや善さを追究することをやめて、ただのお喋りになるなどする。子どもたちが、独断的になったり、無力感に陥ったりする理由は、様々である。しかし、このような態度の在り方を評価という形で見定め、見守ることは、過程像志向の教育である「てつがく」科にとって、大切なことに違いない。

第5章 「てつがく」を"てつがくする"

2. 自己評価と子どもたちの間での評価

　二つ目に指摘したいことは、「てつがく」科では、教室の中で子どもたちの間で、多様な観点からの評価が行われることである。

　多くの人々が「教育評価」という言葉から初めに思い起こすのは、学校における通知表や成績表ではないかと思う。そのため、「教育評価の在り方を考える」といえば、おそらく、教師がどのようなテストをしたり、成績表を作成したりするべきかがテーマとされるだろう。

　しかし、ここでは、日常の学校生活の中で、子どもたちの間で評価が行われていることをあらためて確認したい。例えば、「てつがく」科の時間に限らなくても、「クラスの中での人気」は、子どもたちの間での評価のよい例であり、高学年にもなると成績、運動、性格など多様な側面が考慮されるようになる。加えて、「評価の尺度」が多様になることによって、評価は複雑さを増すことになる。「評価の尺度」とここでいうのは、評価の際に用いられる言葉で示せば、「よい」「正しい」「好き」「共感する」「おもしろい」などの判断のタイプ、種類である。

　あらためて、話し合いの時間における子どもたち同士の評価の在り方を、その言葉から考えてみよう。例えば、話し合いでは、次のような発言が子どもたちによってなされることだろう。

　以下、Aさんに対する発言（評価）として—

「正しさの評価」（Aさんの考えは正しい、賛成）

「共感的評価」（Aさんの言いたい気持ちは分かる）

「貢献への評価—感謝」（Aさん、まとめてくれてありがとう）

「相手への尊重にもとづく関心」（Aさんの考えをもっと聞きたい）

　評価という言葉を少しひろげすぎているかもしれないが、それぞれの言葉は、何らかの評価を表わしている。話し合いの中では、「正しい」「賛成」などとは別に、話し合いの過程を支える評価も行われるのである。これらの評価を、ほかの子どもたちから受けることによって、相互の尊重を含むクラスの暖かさ、クラスの公正さを理解するかもしれない。また、適切な自尊心、他者への尊重が育まれることが期待される。

　これらから次のことが示唆される。第一は、「てつがく」科における話し合いの場で、「正しさ」以外にも様々なタイプの「評価」が子どもたちの間で行われることを示しているのである。教師には、それらの評価が、てつがく科の過程にとってどのような意味をもつのかを見極め、見守ることが期待される。

　第二は、自己評価の能力の重要性である。話し合いの中で、教師やほかの子どもたちから受ける多様な側面についての評価、そして自己の経験から、子どもたちは、自己についての評価を行う。したがって、自己評価の能力を育てることは、「てつがく」で重要な対象の一つである。

　子どもたちや教師による教室の中での評価をふまえて、「てつがく」の過程を豊かにするための評価の仕組みが求められる。

(注) 村井実 (1976)『教育学入門上』講談社学術文庫

寄　稿
日本の教師による子ども哲学の源流

お茶の水女子大学・冨士原紀絵

　現代の「子どものための哲学」の理論的・実践的指導者として知られるマシュー・リップマンによる『探求の共同体－考えるための教室』（玉川大学出版部、2014）の日本語訳の「あとがき」の中で、河野哲也は日本における哲学の実践の導入は海外に比べ遅く、21世紀になってからいくつかの私立や公立の学校で実践され始め、「この数年で飛躍的な増加の動きが生まれている」と述べている（同書：432）。学校での実践以外でも、日本では1990年以降、子ども向けの哲学、倫理の教養書籍が一般書として大ベストセラーになっており、子どもと哲学を結びつける出版物を数多く目にするようになった。今や「子どものための哲学」はブームとなっている様子もあり、お茶の水女子大学附属小学校（以下、お茶附小と略す）の「てつがく」も、このブームの流れの一つに位置づくと見る向きもあるかもしれない。お茶附小の実践を含む一連の「子どものための哲学」が単なるブームで終わるのか、あるいは文化的実践として学校に根づいてゆくのか。後世の人々が、現在日本で展開されている「子どものための哲学」をいかに評価するのかに関心をもっている。

　お茶附小が「てつがく」の実践研究に取り組むことを知ったとき、自分が真っ先に思い浮かべたのはマシュー・リップマンでもなく、現代の「子どものための哲学」本でもなく、日本の大正新教育運動の中心的学校であった千葉県師範附属小学校の訓導である中島義一（1893－1933）によって、1924年から1931年にかけて発刊された『こども哲学叢書』であった。中島を研究している米澤正雄によれば、中島は鰺坂（小原）国芳から「子供は哲学者である」という発想を広島高等師範学校在籍中（1918－1920）に学んでいたことが推測されるという。このことから日本では1920年代前後には「子ども」と「哲学」を結びつける志向がすでに見られることが分かる（米澤 2011:97-98）。一方、前掲『探求の共同体－考えるための教室』の「あとがき」で河野は「子どもとともに哲学する試みが始まったのは、ドイツだと言われている」とし、「ヘルマン・ノールやレオナルド・ネルゾンなどの哲学者によって、すでに1920年代に子どもと対話型の哲学が試みられた」と述べている。大正期に学級自治会の実践により子どもの自律的自由を尊重した、所謂「自由教育」を掲げた実践で名高い千葉県師範附属小学校は実践の理論的裏付けとして、確かに新カント学派の哲学研究者である篠原助市の指導を仰いでいたものの、篠原は実践とは距離をとっており、附属小の訓導が1920年代にドイツにおいて哲学者により始まったとされる「子どもと対話型の哲学」の試みの影響を直接受けていたとは考えにくい。しかも、哲学者ではなく小学校の訓導であった中島による『こども哲学叢書』出版の試みは、欧米の模倣ではなく、彼自身のアイデアによるものだった可能性が高い。

　米澤により中島の『こども哲学叢書』は『中島義一著作集』として2002年以降、紫峰図書から順次復刻される予定であったが、残念ながら手元にあるのは著作集第三巻『こども認識論 林檎の味』（原著1924、復刻2003）のみである。未見であるが、『こども哲学叢書』は全七編からなり、第一編以降は『第二編 こども倫理学 バベルの塔』『第三編 こども論理学 プロメトイスの火』『第四編 こども美学 橄欖の花』『第五編 こども心理学 自由の翼』『第六編 こども宗教論 ヨルダンの流』『第七編 こども人生観 スフィンクスの謎』である。『こども哲学叢書』の宣伝広告に「四角張って沈思黙考しなくとも哲学は解る筈です。わが主人公由二少年は、いろんな日常の出来事から

第 5 章　「てつがく」を"てつがくする"

ヒントを得、教師父兄友人の助けをかりて思索を究めて行きます。名はこども哲学であっても、最
も平易簡明なる哲学入門叢書と云って至当です」とある通り、同書は、ある一人の少年が日常生活
を過ごす中で感じた素朴で様々な問いを、友達や家族と語り合い考えるプロセスを描いたものであ
る。そこで展開される問いそのものは、哲学の学問上の命題（新カント学派の篠原は教育の目的を
「自然の理性化」と規定し「真・善・美」の価値を獲得・創造することを目指していたとされる）
を扱っており、その点では「哲学を教授する」試みとも読めなくもない。しかし、中島は執筆の動
機を次のように述べている（復刻版『こども認識論　林檎の味』ⅱ～ⅳ）。

　　　思惟の生活は、人間生活の最も重要な一方面であることは否まれないと思います。教育がも
　　し人間生活に即すべきであるならば、児童の思惟生活を無視することは許されないことと思い
　　ます。この点から過去の教育を顧みるに、あまりにいたずらなる知識の詰め込みに傾き過ぎて
　　居たように思います。あまりに大人の準備を強い過ぎていたように思います。教育は大人の生
　　活の準備をさせるのではなくて、児童自らの生活を児童自らに生活させていくことだと思いま
　　す。（中略）しかし既刊の児童図書を見るのに（中略）児童の考えること－思惟の道づれとな
　　るようなものは、殆ど一、二にとどまって居るのは頗る残念なことと思いますので、その任で
　　ないのを知りつつも、私は敢えてこの稿を起すにいたったのであります。（中略）児童が思惟
　　するにあたって如何に問題を捉うべきかということと、如何に考うべきかということとの二つ
　　の示唆になればと、それのみ念じつつ筆を執ったのであります。どこまでも論理的訓練をめあ
　　てにしてやったことであることを御承知願います。

　子どもは哲学者であると認め、思惟すること－哲学の契機を子どもが子ども自身で自治的な生活
活動を遂げる中に見出そうとし、哲学する際に道連れとなることを願い叢書を執筆した一教師であ
る中島について、哲学者である鶴見俊輔は「子どもは、おとなに、哲学の根本問題をつきつける。
このとき、おとなは逃げることが多い。一緒に考えこむことは少ない。この本の著者中島義一は、
一緒に考えこむめずらしい人だ。哲学を職業としている人にもまれである」という言葉を『こども
認識論　林檎の味』復刻に際して寄せている。

　最後に確認しておきたいことは、中島が活躍した千葉県師範学校附属小学校の自由教育は、その
思想や実践を危険視する当局の干渉により逼塞してゆくことである。この歴史的事実は、子どもが
大人や社会の価値に依らず自由に思惟する生活－子どもが哲学する環境を、大人や社会が保障する
ことの大切さを痛感させる。同じく大正新教育運動の流れに位置づくお茶附小において、今始まっ
た「てつがく」が学校に根づき、子どもに豊かな思惟生活をもたらす実践として生き続け、同様の
実践をしている学校や教師たちや研究者と学び合い、その価値を共有し続けられる社会であるこ
と、この重要性を日本の過去の遺産から学ばねばならぬとあらためて考えている。

参考論文：米澤正雄（2009）「中島義一の「自由教育」論および『こども哲学叢書』（全七編）の形成と理論構造
　　　　の解明」『東洋大学文学部紀要』第63集 教育学科編ⅩⅩⅩⅤ、91－111
　　　　　同（2011）「同　その2」『東洋大学文学部紀要』第65集 教育学科編ⅩⅩⅩⅦ、87－101

寄 稿
学級でする哲学

日本女子大学名誉教授・森田伸子

　ある4歳の子どもが母親に聞いています。「みんなおじいちゃんになったら死ぬの？　みんな死んで地球がからっぽになったら、かみさまもいなくなるの？」。また、ある12歳の少年は、誰にも見せなかったノートの中に、「ぼくはしぬかもしれない　でもぼくはしねない　いやしなないんだ　ぼくだけはぜったいにしなない　なぜならぼくはじぶんじしんだから」と書き残しています。二人とも、生きている中で、何らかの形で、死という不思議、存在するということの不思議にふいに出くわしたのでしょう。この遭遇は、4歳の子どもにとっては、存在するものすべての絶対的な終わりとしての死についての、いわば形而上学的存在論的な問いとの遭遇でした。他方、12歳の少年は、この遭遇を、ほかならぬこの「じぶんじしん」の死、それ以外の何物でもない唯一無二の死の問題として受けとめています。幼い子どもの問いが、ギリシャの哲学者が哲学の始まりとみなした「不思議だという思い＝驚異（タウマゼイン）」そのものを表しているとしたら、12歳の少年の言葉は、生きることと死ぬこととの根源的な不安に真正面から対峙する自分自身を宣言する実存の言葉であると言えます。一方、大学の「哲学科」というところでは、このような問いを徹底的に考え抜いた「哲学者」と呼ばれる人々が文字にして残した哲学のテクストを、そうしたテクストを「読む」プロである哲学の教師が読解することを通して、学生たちに学問としての哲学を教えています。そこにあるのは、生活の中で、いわば一つの出来事のように訪れる生の哲学ではなく、かつて問われた問いが、テクストとして体系化された哲学です。

　小学校の学級で児童たちが経験する哲学は、この二つの哲学とは、問いの中身は変わらないながら、問いとの出会い方が異なります。ここでは児童たちは、一人で問いと出くわすのではなく、同じ年齢の、ふだんから慣れ親しんでいるほかの複数の子どもたちのいる、そして、この子どもの集団の守り手である教師のいる、「学級」という特別な場所で哲学に出会うのです。子どもたちは日常生活の中で、何の備えもなく突然問いに突きあたるのではなく、あらかじめ事前に用意された問いと向き合います。テーマは教師が提案する場合もあれば、児童同士で話し合って決められることもありますが、いずれにしても、問いは、学級という場であらかじめ共有された問いとなることによって、そこから展開される哲学は、一人の子どもの閉ざされた世界の出来事ではなく、開かれた公共の世界の出来事となります。同時に、この公共性は、古今東西の哲学テクストが構成する学問としての哲学の公共性とは異なり、参加するメンバーのいずれもが（教師も含めて）自分の限られた経験を手掛かりにしつつ、自前で思考を繰り出していく中で、その都度構成されていく公共性です。

　こうした特徴をもつ「学級」の哲学においては、最初にあげたような、存在と死をめぐる問いは、例えば次のような形で展開されています。ある授業では、一つの石が真ん中の机の上に置かれ、「この石は、どんな人にとっても同じように『ある』と言えるのだろうか」という問いが立てられます。石は教室にいるすべての子どもたちの視線の中心にあるのですから、即座に子どもたちは、目が見えない人のことを考えます。見えない人には石は「ある」とは言えないんじゃないか。でも石は見るだけでなく触ることもできるじゃないか。じゃあ、見ることも触ることもできない人がいたとして、その人にとっては、石はないということになるのか。いや、人間には言葉がある、

144

第5章 「てつがく」を"てつがくする"

だから、誰かから「石がある」と言われれば、言われたその人にとっても石はあることになるので
は。いやそもそも、石はこの世界の中にあるんだから、見えなかろうが触れなかろうがあるんだ、
という子どももいます。石をめぐる思考は、こうして哲学史上論じられてきた様々な問題をはらみ
つつ、もちろんそんな学問的な議論とは関係なく、自由にどこまでも続いていきます。もし時間が
許せば、この石の形がすっかり変わってしまっても（例えば細かく砕かれて粉のようになっても）、
石はあるということになるだろうか、という風に、当初の「誰にとっても石は同じようにあるか」
とは別の問いへと展開していったかもしれません。

　他方、この「誰にとってもあるということは同じか」という問いは、全く別の問いとして別の授
業で再現されています。ある学級で、「死ぬとはどういうことか」という問いが立てられました。
学級の中で取り上げられると、この問いは、始めの子どもたちの例でみたような、存在論的形而上
学的な問いとも、実存的な問いとも、いずれの問い方とも異なる形で展開されていきます。児童た
ちはまず、死ぬということは肉体的存在がなくなるということだという共通理解を確認し合いま
す。それから、体がなくなった人は、本当に全然存在しなくなるのか、という問いが立てられま
す。ある人が「いる」ということは、その体が「ある」ということとまったく同じことなのだろう
か。その人のことを知っている人たちにとって、その人の体がなくなっても、その人は「いる」の
ではないか。石の場合と同じように、見えなくても、触れなくても、存在するという事態がここで
は考えられているわけです。しかし同時に、石の場合と人間の場合の違いも考えられているようで
した。それを児童たちは、残された人々の「心の中にいる」という言い方で表現していました。人
間の場合、物質的な存在＝肉体はその人の存在の一つの条件ではあっても、その人の存在そのもの
ではない。その人の存在は、その人と直接に触れ合ったほかの人々との間に生ずる何かである、と
子どもたちは考えているのです。であれば逆に、肉体は存在していても、人々の間では存在してい
ない＝死んでいるという事態も考えられるのではないか。例えば教室で皆から無視されている人
は、肉体はあっても教室の中にはいない＝死んでいるということになるのではないだろうか。しか
しまた、その同じ人が教室とは別の、例えば複数の学年にまたがるあるグループの中では、皆に認
められているということもある。上の考えが成り立つとすれば、その場合には、そのグループの中
ではその人は生きていると言える。だから、一人の人がある場所では「いる」が、ある場所では
「いない」、ということも成り立つ。こうして、「ある」と「ない」、「いる」と「いない」、「生きて
いる」と「死んでいる」、これら二つの項の間を、児童たちは自由に、軽々と行き来しています。
「生きていること」と「死んでいること」を、このように「ある」ことと「ない」ことの問題に
楽々とつなげて考えながら、そこから「人々の間にある」という「人間の生」の固有性と不思議さ
へと自由に展開していく、この思考の自在さこそ、小学生の哲学の真骨頂であると感じさせられま
す。そしてこの自由な往来を支えているのは、教師によって守られた「学級」＝「教室」という特
別な空間です。そこが自由を保障された安全な場所であればこそ、子どもたちは自分たちの力で、
新しい公共的な知の世界を切り開いていくことができる。お茶小の授業はそのことを私に実感させ
てくれました。

145

寄 稿
「てつがく」の冒険

高千穂大学・齋藤元紀

　わいわいとお喋りに興じたり、机の合間を駆け回ったり、一人で本をひらいたりと、休憩時間の子どもたちの姿は、どこの学校にも見られるありふれたものだ。ところが休憩時間が終わり、「さあ集まって、てつがくをするよ」と教師が声をかけると、椅子をもった子どもたちは教師を囲んでするすると輪になってゆく。全員が着席する頃には、今日のテーマは何だろうかと、子どもたちは教師の口から発せられる次の言葉を今か今かと待ち構える。教師からテーマが発表され、ひととおり説明が終わると、待ってましたとばかり、子どもたちの手がつぎつぎに挙がっていく。指名された子どもが自分の考えを述べている間、ほかの子どもたちはみなそれにじっくり静かに耳を傾ける。一人が述べ終わると、またつぎつぎに手が挙がる。賛成意見や反対意見、新たな意見もあれこれ飛び出してくるが、どれも子どもたちが自分自身の身近な経験をふまえた発言ばかりである。発言の内容を確かめたり、理由を聞き直したりといった質問も、あちらこちらから投げかけられ、対話は展開してゆく。教師は、子どもたちの発言を整理したり、ときに質問も投げかけたりはするものの、あらかじめ用意した一つの結論に誘導したり、そこへ落とし込もうとするようなことは一切しない。子どもたちは、お互いの考えをじっくり受け止め、考え、発言を交わしながら、対話を深めている。発言する子どもも聞いている子どもも、みな集中力を切らさず、対話の流れに乗って自由に思考を広げ、生き生きと楽しんでいるさまが見てとれる。「では、てつがくの時間は終わりです」。そう教師が言うと、またあの休憩時間の騒めきが戻ってくる——。

　これは、わたしが参観したお茶の水女子大学附属小学校での「てつがく」の授業のひとこまである。こんなふうに記してみると、一見、子どもたちがふつうに議論しているだけのように思えるかもしれない。ほかの子どもが話している間はその意見にしっかりと耳を傾ける。自分自身の経験に立ち戻って考える。様々な意見のやりとりを受けて、自分自身で考えた意見を話す。人と話を交わすうえではどれも至極当たり前のことではあるが、案外授業でそうした対話を成立させるのは難しい。幾人かの「目立った」子どもだけに発言が集中し、それ以外の子どもたちはただ聞くだけ、そもそも話自体に関心をもたない子どもは蚊帳の外になってしまう、という事態はまま起こりうることだ。教壇に立った「教師」の「話」を生徒が聞く、という形式を大前提として「授業」が構成されている以上、ディスカッションや発表など、どれほど授業の形を変えてみたところで、やはりその「話」の枠は「教師」を中心に決定されている。そのため子どもたちは、自分の思考を教師の「話」の範囲のうちに収めて「話」をせざるをえないし、教師の「話」の範囲に収まらないような「話」は、おのずと排除されざるをえない。教師の「話」が「分からない」などと言ってはならないし、そもそもそんな「話」に「どういう意味があるのか」、などと問うことなどもちろん許されない。うまく教師の「話」に自分の「話」を収めることのできる子どもが「できる」子どもであり、教師の「話」の枠をはみ出るような「話」をする子どもは「できない」子どもである。もちろん、できるだけ多くの子どもたちに、できるだけ短い時間で一定の知識を獲得させるということが「授業」の目的であるのなら、それはきわめて効率的なやり方であるに違いない。だが、そうした「授業」では、子どもたちが自分自身で自由に思考し、お互いに語り合う余地は限りなく狭められる。この制限に教師が無自覚であればあるほど、自由な思考と対話は抑圧されるのである。

第5章 「てつがく」を“てつがくする”

　だが、「てつがく」の授業は、そうした従来型の「授業」とは正反対である。子どもたちは一人として置いてけぼりにされることはなく、みな積極的に対話の輪に参加し、みずから思考を深めて、自分の意見を実に堂々と話している。授業のあとで子どもたちが記した「振り返りカード」も、たんなる感想の羅列にとどまらず、対話で登場した身の回りの事柄にはじまり、ほかの子どもたちや自分自身の思考を深く見つめ直す記述や、対話からあらたに生まれた問いに溢れている。「てつがく」でこうした自由な思考と対話が生まれているのには、おそらく二つの大きな要因が働いている。一つは、教師が話の中心になるのではなく、安心して話のできる「場所」をひらく役割に徹している、という点である。あらかじめ話の範囲を設定し、その範囲から外れないように制限をかけることに傾注するのではなく、テーマから子どもたちが自由に思考し、話を広げていけることに力点を置いているのである。そのために、教師は発言している子どもたちだけでなく、発言をせずに考えている子どもたちにも目を配り、無言の彼らの一挙手一投足をも注意深く受け止めてゆく姿勢で臨んでいる。とはいえもちろん、教師は受動的にただ子どもたちの話やふるまいを受け止めているだけではない。ここでは教師もまた一人の参加者として子どもたちと対話の「場所」をひらき、つくり上げようという自覚と意識を明確にもっている。教師もまた、子どもたちの意見に耳を傾け、みずからの思考を見つめ直し、問いかける対話の一員なのである。

　そしてもう一つは、こうして開かれた「場所」を、子どもたち自身もまた積極的に開き、つくり上げるように努めている点である。そのためには、「振り返りカード」や「自己評価シート」を子どもにただ書かせるだけではなく、子どもたち自身で「場所」を一緒に開き、つくり上げているのだという意識を高めることが必要である。子どもたちの記した振り返りを貼り出しておき、子どもたちがいつでもお互いの意見に触れて思考を深められるようにしておいたり、自分たち自身で対話を振り返って評価する基準をつくってもらい、対話のたびごとに自分の思考をその評価基準にそって考え直すようにしておいたりなどの工夫が凝らされている点は、大いに注目されてよい。話したいテーマを決めることも、そのテーマをめぐってどう思考するかも、またそこでどれだけ思考が深まったかを判断する基準も、子どもが自分自身で考え、つくり上げるのである。自分自身で考え、話したことでなければ、誰もその「話」に責任をもとうとは思わない。それは、子どもでも大人でも変わらない。自分自身がこの「場所」を開いているんだ、この「場所」をつくり上げている一人なのだという意識が、子どもたちの自由な思考を存分に深め、積極的な対話へと促しているのである。

　もちろんそうした子どもたちの振り返りに対しても、さらに教師が様々な観点から目を配り、たんなる自己満足や不必要な過小評価をしていないか、緊張感が失われていないかどうかを見極める繊細な感覚をもつことが必要である。しかしそこでも忘れてはならないのは、教師がみずからの信条とする一つの目標へと子どもを誘導するといった姿勢ではなく、子どもと一緒に自由に思考を深め、さらなる問いへ向かうべく、対話の「場所」を子どもたちと共に開き、つくり上げようとする態度である。子どもと教師が同じ目線に立って対話の参加者の一員となること、こう言ってよければ、誰もが教師であると同時に誰もが子どもとなれる対話の「場所」。新教科「てつがく」の冒険は、そんな「場所」をひらく可能性が決して夢ではないことを教えてくれるのである。

147

寄 稿
新教科「てつがく」と探求する心

立教大学文学部・河野哲也

　筆者は、お茶の水女子大学附属小学校の「てつがく」という新教科の趣旨に深く同意し、平成27年度よりの4年間、微力ながら、この素晴らしい試みにご協力申し上げました。ここでは、小学校で、対話型の授業において哲学を教育する意義について考察したいと思います。

　海外に目を向けてみれば、小学校で「子どもの哲学」を実践することは特段に珍しいことでも、奇異なことでもありません。Philosophy for Children（P4C）は（近年はより正当な表現として、Philosophy Inquiry With Children「子どもと共にする哲学探求」という書き方がなされますが、ここではP4Cと従来通りに略記します）、すでに1970年代初頭にアメリカで導入され、現在では世界の様々な地域で実践されていて、国や州のレベルで全面的に実施している場所もあります。

　しかし日本の教育の現状を鑑みれば、お茶の水女子大学附属小学校の試みは、先端的で画期的、きわめて重要な教育の変革であると言えるでしょう。それは次の二つの理由によります。

　ひとつは「探求」することを明確な教育の目標としていることです。

　哲学の本質は、探求することにあります。カントは「人は哲学を学ぶことはできない。ただ哲学することを学びうるのみである」といいました。まさしく哲学とは「哲学する」という過程にこそ本義があり、探求の結果である「知識としての哲学」は、各人が哲学するための道具ないし道標としての価値しかありません。パスカルはこれを「哲学を軽蔑することこそ、真に哲学することだ」と見事に言い表しました。

　子どもが学ぶべきことは、いまも昔も、知的に探求する心構えと態度であり、学校で培うべきは探求しようとする気持ちであり動機です。

　こうした探求的態度はとりわけ現代では求められています。というのも、ディープ・ラーニング、ビッグデータ、ロボット工学といったAI（人工知能）分野の近年の進歩は、現在の職業の在り方を大幅に変え始めているからです。2014年の「雇用の未来」という論文の中で、オックスフォード大学のC.B.フライとM.A.オズボーンは、AIの発展によって現在の仕事がどのようにコンピュータ化されるかの予測を行い、消える職業と生き残る職業のリストを作成しました。それによれば、ホワイトカラー職であっても、定式化可能で、形式的・機械的に処理できる仕事はコンピュータにとって代わられると言います。そして反対にコンピュータ化が難しいのは、複雑なコミュニケーションを必要とする仕事や、柔軟で臨機応変な対応が求められる仕事、感受性や身体性が重要な役割を果たす仕事、創造的な知的活動が求められる仕事です。

　オズボーンによれば、この未来は恐るべきものではなく、むしろ歓迎されるべきものです。ロボットやコンピュータは、芸術などのクリエイティブな作業はできません。人間は、機械にできる仕事は機械に任せて、より人間的で、より自由で、より芸術的で、よりクリエイティブなことに集中できるようになるからです。AI社会とは、AIができないことが重視される社会なのです。

　しかし問題は、現在の教育がこの時代に対応できているかです。基礎学力の重視と人は言いますが、正確な計算力も漢字の記憶もすでに現代では要求されていないかもしれません。「基礎学力」とは何なのかが問い直されています。比較的に「単純」とされる仕事で必要とされることが「基礎」であるなら、それもAI社会ではまったく変わってきています。現代の教育で重視すべき基礎

第5章 「てつがく」を"てつがくする"

学力とは、探求するという心構えであり、態度なのではないでしょうか。

　人間の知識は未完成で不完全です。人類の歴史が終わるまで、神ならぬ人間は最終的な真理に到達できないでしょう。とすれば、学校ではそもそも間違ったものを教え、憶えさせているのです。そして、いま「知識」として教えられていることが誤謬となり、いま憶えさせた情報が賞味期限切れになり、いま学ばせているスキルが陳腐化してしまうスピードは、昔よりもはるかに早くなっています。限られた子どもの時間を、それらの記憶に割くことはできません。現代では、これまでの知識や情報やスキルを更新し、新しいものを創造する態度こそが学校で学ぶべきものなのです。

　ただし、哲学の探求は、科学的な探求とは違う側面もあります。哲学の探求の特徴は、自己反省性にあります。私たちは社会や家庭から、一定のものの見方や知識、常識、習慣を無自覚に受け継いでおり、それにもとづいて様々な物事を暗黙のうちに判断し、行動しています。自己反省性とは、この自分の足元にある考え方やものの見方の枠組みに気づき、それを自覚的に再検討し、再構成する態度のことです。子どもであっても、幼いうちから社会や家庭や学校からたくさんのことを吸収し、大人と変わらないほど「常識」にまみれています。哲学が促すのは、自己反省による自己変容です。これを身につけるのに若すぎるということはありません。自分が最初に身につけた考え方やものの見方の習慣を変えられないで、時代においていかれる人がいかに多いことでしょうか。そうした人に欠けているのは、自分の前提を問い直す哲学的な思考なのです。

　古代より哲学において対話という方法が重視されるのも、ここに理由があります。そして、お茶の水女子大学附属小の「てつがく」という試みの革新性もここにあります。対話は、ただの会話とは異なります。それは、他者と議論することを通して、自分の考え方やものの見方を拘束している枠組みに気づき、それが揺さぶられると同時に、参加者が相互に深い理解をしていく活動です。対話における生きた人間の発言は、それに責任をもって応答するように私たちに迫ってきます。その中で私たちは、自分の考えや常識を再検討する必要性に気づきます。対話の流れの中で、参加者はそれぞれひとりでは成し得なかった自己変容を成しとげ、複数の人間が絡み合うことではじめて生まれてくる新しいアイデアの創発に立ち会うのです。

　そして対話は、クリエイティブな知的活動であると同時に、それ自体が道徳的な活動です。参加者のそれぞれの人格を尊重し、そこに居場所を与え、発言の一つひとつを傾聴し、丁寧に検討するという点において、対話はすぐれて道徳的な経験です。哲学対話において意見が鋭く対立した参加者は、あたり障りのないつき合いで表面的に同調し合っている人同士よりもはるかに深い共感と相互理解で結びついています。

　お茶の水女子大附属小に集まってくる子どもは優秀だから、先生方が優秀だから、対話的な活動ができるなどという「言い訳」はもう聞き飽きました。筆者は日本の各地で、哲学対話を実践してきましたが、筆者がともに探求したいという態度を示す限り、どこの子どもたちも豊かな対話を展開してくれました。いま、日本は、大きく変化すべき時代を迎えて久しいにもかかわらず、後ろ向きに足踏みしている人々と、それに苛立ちを覚えている人々に分断されています。哲学対話は、この分断を埋めてくれる唯一の方法だと考えています。

資料

新教科「てつがく」学習指導要領【抄録】

第1　目標
自明と思われる価値やことがらと向き合い，理性や感性を働かせて深く考え，粘り強く問い続けたり，広く想いを巡らせ多様に考えたりすることを通して，民主的な社会を支える市民の一員として，創造的によりよく生きるために主体的に思考し，前向きに他者とかかわり行動する姿勢を育む。

第2　各学年の目標及び内容

	【3学年及び4学年】	【5学年及び6学年】
1　目標	（1）事物や事象に問いをもち，自他の考えを聴き合うことを通して，多様な見方や思考を働かせてその意味を考え，価値や概念を自分なりにとらえることができるようにする。 （2）対話を通して他者の声を聴き，それを受け止める過程で，他者理解・自己理解を図るとともに，その意味や理由を考えることで，自分の考え方を見つめ，他者とどのように折り合いをつけていくのかを考えることができるようにする。 （3）互いの考えを聴き合いながら，対話の広がりを楽しむとともに，分かり合えそうな点を探ることを通して，問い続けようとする姿勢を養う。	（1）事物や事象に問いをもち，価値や概念を深めるために，批判的・多面的・論理的・創造的など多様な思考の様式や技能を働かせて検討して判断することができるようにする。 （2）対話を介して他者の声を聴き，それを受け止める過程で，他者理解・自己理解を深めるとともに，その背景や意味をとらえることで，自分の生き方・考え方を見つめ，他者とどのように共に生きていくのかを考えることができるようにする。 （3）互いの考えを聴き合いながら概念を探究する中で，互いに分かり合える点を探ることを通して，性急に答えを求めようとせずに，問い続ける姿勢を養う。
2　内容 （1） 多様な思考の場	（ア）考えを出し合える安心感のある場としていくこと （イ）事物や事象から，問いをもつこと （ウ）多面的・多角的にとらえようとすること （エ）関係づけたり，整理したりして考えようとすること （オ）自分の気付きや発想を伝えようとすること	（ア）様々な考えを出し合える安心感のある場としていくこと （イ）事物や事象を見つめ，問いをみがき，明確にすること （ウ）多面的・多角的にとらえ，考えること （エ）関係づけて，論理的に考えを組み立てること （オ）自分の気づきや発想を対話や記述で表すこと
（2） 他者との関わり，自己の在り方の追究	（ア）他者の考えを聴き，受け止めようとすること （イ）自他の考えの共通点・類似点や相違点を見出すこと （ウ）他者と私，世界と私，に関わりがあることに気付くこと （エ）他者の考えをふまえた自分の考えを見つめ，振り返ろうとすること	（ア）他者の考えを受け止め，共通了解できる点を見出そうとすること （イ）自他の異同をとらえ，自己の考えを見つめ直すこと （ウ）他者と私，世界と私，の関わりに目を向けて考えること （エ）問いや考えを更新しながら，自身を振り返り，自分の在り方を探ること
（3） 共同体での探究と問い続ける姿勢	（ア）互いの存在を大事にしながら対話しようとすること （イ）共同体として，多様な考えを受け入れながら探究しようとすること （ウ）自分の考えを更新しながら，考え続けること	（ア）互いの存在や立場を尊重しながら民主的に対話すること （イ）共同体として，異なる考え方を尊重しながら探究すること （ウ）自分の学びを見つめながら，粘り強く考え続けること
［取り扱いの事例］	＜多様な思考の場＞ ＜他者との関わり，自己の在り方の追究＞ ＜共同体での探究と問い続ける姿勢＞	＜多様な思考の場＞ ＜他者との関わり，自己の在り方の追究＞ ＜共同体での探究と問い続ける姿勢＞
［扱うことが考えられる題材例］	［自己に関わるもの］ ［他者に関わるもの］ ［世界に関わるもの］	［自己に関わるもの］ ［他者に関わるもの］ ［世界に関わるもの］

資料　新教科「てつがく」学習指導要領【抄録】

第3　取り扱いの留意点	
1　指導計画の作成に当たっては，次の事項に配慮するものとする。	（1）指導計画の作成に当たっては，第2に挙げた資質・能力が4年間を通じて育成されるよう，4年間を見通した重点的な指導や子どもたちの実態に合わせた価値内容の取り上げ方を工夫する。また，構想した計画を，子どもたちが行った対話や記述の経験に合わせて，見直し更新し続けることが必要である。　　　　　　　　　　　　　　　＊指導計画作成の留意点 （2）子どもが多様な見方・考え方を働かせ，問い方を変えながら複数の価値やことがらについて探究を深められるよう，価値やことがらに関わる「問いの流れ」を意識し，子どもたちの対話や記述の経験をもとに，弾力的な扱いを工夫する。例えば，いくつかの価値やことがら・題材を組み合わた内容や時間のまとまりを見通し，資質・能力の育成を意識した扱いをすることが望ましい。　　　　　　　　　　　　　　　　　　＊指導計画作成の留意点 （3）対話では，子どもの生活経験をじっくり話し合ったり，質問し合ったりすることを大切にし，子ども同士が互いの考えや想いを共有していくなど，相互に分かり合えるような時間と場（学習環境）を工夫する。そのため，一つの「価値やことがら」は，複数の時間をかけて扱うようにする。　　　　　　　　　　　　＊指導計画作成の留意点　＊内容の扱い方 （4）「始めの問い」を追究していくと，第二・第三の問いが生まれてくる。指導のねらいに即して，概念を問う「問い」，どちらかの判断を問う「問い」，体験やそれに関わる想いを問う「問い」など，問いの形を変えることによって，多面的に価値やことがらの概念を探究することができる。　　　　　　　　　　　　＊指導計画作成の留意点　＊内容の扱い方 （5）子どもたちが，他教科等の時間に身につけた思考力や技能を，てつがくの学習や対話において相互に関連付けて，主体的・総合的に使えるような展開を意識する。その際，言語能力・論理的思考力・感性的直観力など全ての学習の基盤となる資質・能力を想定しておく。このことによって，各教科等の学習において培いたい資質・能力を一層明確に捉えることができる。　　　　　　　　　　　　　　　　　　　　　　　＊他教科等との関わり （6）問いをもとに対話を進めると，一つの話題から二つ以上の価値内容例に触れていくことも考えられる。一話題一価値ではなく，複数の諸価値やことがらを架橋しながら問いを更新することで，対立・類似する概念について認識を深めることができる。例えば，公共の問題と個人の自由を合わせて考えることを通して，対立と合意についての概念や認識を深めることができる。　　　　　　　　　　　　　　　　　　　　　　　　　　　　＊道徳との関連
2　第2の「2内容」の取扱いについては次の事項に配慮するものとする。	（1）各学年の目標・内容に基づきながら，子どもたちが関心をもった価値やことがらについて対話を通して協働して探究できるよう，教師としての役割と，自分自身も探究者の一人であることの両面を意識しながら対話に関わる。　　　　　　　　　　　　＊教師の役割 （2）「価値やことがら」について対話する中で，①互いのイメージを語る　②考えの共通点を見つけ分類する　③話題を焦点化して確信を聴き合い，話を深める　④どの考えにも関わる共通了解（おおもと）は何かを考える　⑤学級の共通了解と自分の理解を合わせて，その概念に対する考えをまとめる　といった探究の過程を身に着けることができるようにする。　　　　　　　　　　　　　　　　　　　　　　　　　＊内容（対話）の扱い方 （3）子どもが，自分の学びを振り返って変化を実感できるように，適宜自己評価の時間を設けるよう配慮する。その際，個々の捉え方を整理するような書き方，経験を掘り起こすような書き方，自分の考えや今の問いを明らかにするような書き方，他者の発言や視点に目を向けるような書き方など，記述の仕方を工夫することで，学級として共同体での探究が深まっていくよう配慮する。　　　　　　　　　　　　＊振り返りと評価　＊内容（記述）の扱い方 （4）グループ学習や異年齢集団による学習などの学習形態，専門家や保護者など違った立場の人が関わるなど，時期やテーマに応じ，対話の場を工夫する。対話の形としては，ペア対話，グループ対話，全体での対話など多様な形態が考えられる。　　　　　＊学習環境の工夫 （5）高学年では，扱う事例を社会の出来事に広げ，必要に応じて資料も活用しながら，概念探究や人間の生き方につながる話題を広げて考える。　　　　　　　　　　＊資料の活用 （6）新教科「てつがく」では，問題場面をもとに対話を始め，問題に関わる感情について探究したり，理想の行動がとれない背景を語り合って共有したりすることで，実生活での判断場面につながる実践的な経験となるように配慮する。想定される問題場面としては，日常的な学級での人間関係や，総合的な学習の時間における諸活動などが考えられる。＊特別活動との関連
3　低学年教育課程との関係においては次の事項に配慮するものとする。	（0）低学年教育課程においては，朝のサークル対話やピースフルスクールプログラム（オランダで開発された教育プログラム）を参考にした「みがく」の時間での対立場面における意思決定に向かう対話的な学びを通して，安心して話し合い聴き合い，考える経験を重ねて，「てつがくに向かう身体」を培ってきた。　　　　　　　　　　　　　　＊低学年教育での取り組み （1）新教科「てつがく」では，低学年で取り組んできたサークル対話や「みがく」などの学習経験を生かし，「ことば」を意識しながら他者の声を聴き合うことを基盤に，協働で意味を生み出したり探究したりする過程を重視する。　　　　　　　　＊低学年との関連・学習環境 （2）3年1学期の新教科「てつがく」の始まりにあたっては，低学年でのサークル対話などの経験をふまえて，特に，安心して思いや考えを述べ合える場づくりを大切にし，身近な生活や経験からてつがく的な問いをもつことや，自分の考えを記述する経験に丁寧に取り組むようにする。　　　　　　　　　　　　　　　　　　　＊低学年との関連・てつがく入門期

151

おわりに

▼

"てつがくすること"

▲

神戸佳子

新教科「てつがく」。

"教科"と"てつがく"は、そもそも相容れるのか?

そのような思いも抱きながら、子どもたちと向き合い、自分の内面を見つめつつ行った実践をまとめたものが本書です。

新教科「てつがく」を実践するとき、"てつがくすること"が私たちの日常に、少しずつしみこんできた感覚があります。様々な場面において、前提を確認すること、問いをもつこと、そして答えがでないのを恐れないこと。まだまだ、常識にとらわれることも多く、また、日常生活では常識も大切であることを感じながら、ようやく一歩を踏み出したという状態ではないかと考えます。その点から見て、本書は、新教科「てつがく」のまとめでありながら、歩み始めた姿でもあるという二面性をもっているような気がします。

本書を読まれた方が、「てつがく」に興味をもたれれば、とてもありがたいことですし、実践しようとしてくださるのであれば、さらに嬉しいです。できることなら、その実践結果を交流し、ともに新たな「てつがく」をつくり続けていきたいと考えております。本書がそのような機会となることができれば、これに勝る幸せはございません。

研究開発にあたっては、多方面の皆様にご尽力いただきました。ときに厳しく、ときに優しく、ときにはともに頭を抱えて悩んでくださった皆様に、深く御礼申し上げます。

最後になりましたが、本書の刊行にあたり、東洋館出版社の皆様、特に編集を担当してくださった刑部愛香氏には、大変ご尽力いただきました。この場をお借りして御礼申し上げます。

編著者一覧

【編著】

お茶の水女子大学附属小学校 ／ ＮＰＯ法人 お茶の水児童教育研究会

【執筆者（2018年度 研究同人）】 ＊＝研究推進部

池田全之 （校長）
神戸佳子 （副校長）
栗原知子 （主幹教諭）
岩坂尚史 ＊
落合菜々子 ＊
岡田紘子
岡田博元
岡田泰孝 ＊
岡部雅子
小野めぐ美 ＊
小野澤由美子
片山守道 ＊
神谷潤 ＊
河合紗由利
川口有美
久下谷明 ＊
草野健

小沼律子
佐藤孔美
下田愛佳里
田中千尋
冨田京子
野萩孝昌
濱雪乃 ＊
廣瀬修也
藤枝真奈
堀井武彦
本田祐吾
増田伸江
町田直樹
結城壽美 ＊
横内智子
江部紀美子 （養護教諭）
足立愛美 （栄養教諭）＊

【執筆者（旧同人）】 （掲載順、所属は執筆時）

戸張純男 （東京都・江戸川区立清新第一小学校 教諭）
三井寿哉 （東京学芸大学附属小金井小学校 教諭）

【執筆者（シンポジウム・特別寄稿）】 （掲載順、所属は執筆時）

小玉重夫 （東京大学大学院 教授）
神戸和佳子 （東洋大学京北中学高等学校 非常勤講師）
奈須正裕 （上智大学総合人間科学部 教授）
大杉昭英 （教職員支援機構）
内藤俊史 （お茶の水女子大学 名誉教授）
冨士原紀絵 （お茶の水女子大学 准教授）
森田伸子 （日本女子大学 名誉教授）
齋藤元紀 （高千穂大学人間科学部 教授）
河野哲也 （立教大学文学部 教授）

「NPO法人 お茶の水児童教育研究会」とは

　この法人は，学校教育・児童教育に関心をもつ人たちのための団体です。学校の枠組みを越えて，児童の教育に関心のある市民が，初等教育に関わる者と一緒に，初等教育に関する理論や実践を交流するために作られました。

　初等教育の理論や実践の調査・研究を，協同研究を交えながら進めることで，我が国の初等教育の改善・進歩に寄与することを目的とし，以下の活動を行っています。

　　①年刊誌「児童教育」の発行　　②教育実践指導研究会（毎年2月）
　　③研究紀要の発行　　④各種機関との連携研究　　⑤振り返りを重視した授業研究

　多くの方々が「初等教育のあり方」について考えることが教室の明日につながります。皆様の声をお待ちしています。

新教科「てつがく」の挑戦 ―"考え議論する" 道徳教育への提言―

2019（平成31）年2月21日　初版第1刷発行
2024（令和6）年1月29日　初版第3刷発行

編　著　者　　お茶の水女子大学附属小学校
　　　　　　　NPO法人 お茶の水児童教育研究会
発　行　者　　錦織　圭之介
発　行　所　　株式会社　東洋館出版社
　　　　　　　〒101-0054　東京都千代田区神田錦町2丁目9番1号
　　　　　　　　　　　　　　コンフォール安田ビル2階
　　　　　　　代　表　電話03-6778-4343／FAX 03-5281-8091
　　　　　　　営業部　電話03-6778-7278／FAX 03-5281-8092
　　　　　　　振替　00180-7-96823
　　　　　　　URL　https：//www.toyokan.co.jp
装　　　丁　　竹内　宏和（藤原印刷株式会社）
本文レイアウト　竹内　宏和（藤原印刷株式会社）
印刷・製本　　藤原印刷株式会社

ISBN978-4-491-03656-4　　　　　　　　　　　　Printed in Japan

「データの活用」の授業
小中高の体系的指導で育てる統計的問題解決力

お茶の水女子大学附属学校園 連携研究算数・数学部会 編著

新学習指導要領で注目の領域！

情報環境の進展に伴い、小・中学校で統一された新領域「データの活用」。今回の学習指導要領改訂で大幅な充実が図られた統計教育について、各学校種でどのような資質・能力を育んでいくか、具体的な授業を通じて考える。

小・中・高の15の授業実践を掲載。子どもたちの"これまで"の学びと"これから"の学びに目を向けた、統計指導のための1冊。

子どもの"これまで"と"これから"の学びを繋ぐ
全学校種の教員に贈る統計指導のバイブル！
小・中・高の全学年の統計の実践を掲載！

本体価格　1,900円＋税

新領域「データの活用」の小中高の授業実践が15本！

【小学校】		【中学校】	
授業例1	かたちのなかまわけ	授業例9	度数折れ線と相対度数
授業例2	表とまるのグラフ	授業例10	累積度数
授業例3	表と棒グラフ	授業例11	相対度数と確率
授業例4	さまざまなデータの活用	授業例12	箱ひげ図
授業例5	二次元の表	授業例13	標本調査
授業例6	グラフの見方	【高等学校】	
授業例7	測定値の平均	授業例14	データの相関
授業例8	棒状グラフと代表値	授業例15	統計的推測

東洋館出版社
〒101-0054　東京都千代田区神田錦町2丁目9番1号
コンフォール安田ビル2階
TEL: 03-6778-4343　FAX: 03-5281-8091